大川隆法
Ryuho Okawa

竹村健一の霊言

大逆転の時代

次の30年を語る

まえがき

現役時代、「日本の常識は世界の非常識」と言い続けられた竹村健一先生が、今のマスコミで世相を斬《き》ったらどうなるか。本書はその「ＩＦ《イフ》」に答えた一書でもある。

今なら竹村先生は「宗教がわからんかったら、外交なんかできへんで。」とおっしゃるように思う。

参院選のまっただ中で思うのは、皆、目先のことやバラまきにしか関心がないようだということだ。

進学校の教育では「道徳」が軽視され、「司法試験」「公務員試験」にも「宗とは、支配階層の倫理性や道徳性に違いはあろう。かつての中国が「論語《ろんご》」などを中心に科挙《かきょ》をやっていた時代「大逆転」が必要である。データ分析ばかりやっていないで、リーダーには精神性の高さが必要であることを教えるべきである。

二〇一九年　七月十五日

幸福《こうふく》の科学《かがく》グループ創始者兼総裁《そうししゃけんそうさい》　大川隆法《おおかわりゅうほう》

竹村健一の霊言　大逆転の時代　次の30年を語る　目次

竹村健一《たけむらけんいち》の霊言《れいげん》　大逆転の時代　次の30年を語る

二〇一九年七月十二日　収録
幸福の科学　特別説法堂《せっぽうどう》にて

6 中国、崩壊《ほうかい》の序曲と未来予測 100

「霊言現象《れいげん》」とは、あの世の霊存在の言葉を語り下ろす現象のことをいう。これは高度な悟《さと》りを開いた者に特有のものであり、「霊媒現象《れいばい》」（トランス状態になって意識を失い、霊が一方的にしゃべる現象）とは異なる。

なお、「霊言」は、あくまでも霊人《れいじん》の意見であり、幸福の科学グループとしての見解と矛盾《むじゅん》する内容を含《ふく》む場合がある点、付記しておきたい。

竹村健一《たけむらけんいち》の霊言《れいげん》 大逆転の時代 次の30年を語る

二〇一九年七月十二日 収録
幸福の科学 特別説法堂《せっぽうどう》にて

竹村健一《たけむらけんいち》（一九三〇〜二〇一九）

評論家、ジャーナリスト、著述家。大阪府《おおさかふ》生まれ。京都大学文学部英文科を卒業後、第一回フルブライト留学生としてアメリカのイェール大学等で学ぶ。毎日新聞社の英字紙「英文毎日」の記者と並行《へいこう》して、著述活動やテレビ・ラジオ番組等への出演を開始。テレビ番組「竹村健一の世相《せそう》講談」等では、お茶の間に向けて世相を分かりやすく説明し、大反響《だいはんきょう》を巻き起こす。その旺盛《おうせい》な活動ぶりから、〝ヤオヨロジスト〟〝電波怪獣《かいじゅう》〟〝アメーバ人間〟などの異名を取った。

質問者

武田亮《たけだりょう》（幸福の科学副理事長 兼《けん》 宗務本部長《しゅうむほんぶちょう》）

綾織次郎《あやおりじろう》（幸福の科学常務理事 兼 総合誌編集局長 兼「ザ・リバティ」編集長 兼 HSU（ハッピー・サイエンス・ユニバーシティ）講師）

吉川枝里《よしかわえり》（幸福の科学総合誌編集局副局長 兼「アー・ユー・ハッピー?」編集長）

［質問順。役職は収録時点のもの］

1　評論家としての仕事スタイルから学べること

秘書も「来るだろう」と思い、訃報《ふほう》記事を隠《かく》さなかった

大川隆法　今日（二〇一九年七月十二日）は、「竹村健一《たけむらけんいち》の霊言《れいげん》」を公開収録いたします。

今朝《けさ》の新聞に、評論家の竹村健一先生が、四日前の七月八日夜に、八十九歳《さい》で亡《な》くなられたとの記事が載《の》っていました。

いつもは、秘書が必ず、亡くなった人の写真に白い紙を貼《は》り、見えないようにするのですが、今日は貼っていなかったので、「ああ、『どうせ（竹村氏の霊は）来るだろう』と思い、諦《あきら》めているのだろう」と読めたので、「じゃあ、（霊言を）

やってもいいのかな」と考えて、すぐ午前中に録《と》ることにしました。やはり〝来る〟でしょう。

●明日《あした》の午後に講演会があるので、直前の霊言収録などは避《さ》けたい気持ちもあるのですが、最近の数回の講演会を振《ふ》り返ると、その前日も当日も翌日も霊が来たりしていることがよくあります。そのため、カメラでの撮影《さつえい》が間に合わなくて、音声のみになっているものが多いのです。

ただ、竹村先生の霊言が「音声だけ」というのは、もったいなかろうと思うので、今日は映像も撮《と》ってみようと思います。

明日、「幸福への論点」という話をするつもりですが、逆に、竹村先生に、「どうですか。幸福への論点、どんなところが論点だと思いますか」と訊《き》いてみてもいいかもしれません。

●明日の午後に講演会が……　本霊言収録の翌日2019年7月13日、ホテルイースト21東京にて、「幸福への論点」と題して講演を行った。

昭和五年前後生まれの一群の保守言論人たちの仕事

大川隆法　竹村先生が生きておられるとき、すでに『竹村健一・逆転の成功術』（幸福の科学出版刊）を出しています。このときは守護霊《しゅごれい》霊言ですが、六年前の二〇一三年に録っています。当時、竹村先生は八十二歳でした。

八十歳過ぎで現役《げんえき》を引退なされたようで、悠々自適《ゆうゆうじてき》の生活をしておられたのですが、「姿が見えなくなり、意見を聴《き》けなくなったので、ちょっと寂《さみ》しいな」と思い、守護霊霊言を一つ録ったのです。

最期《さいご》の二年ぐらいは、「病院へ行き、出たり入ったり」という感じだったようです。

『竹村健一・逆転の成功術』
（幸福の科学出版刊）

竹村健一先生と渡部昇一《わたなべしょういち》先生、日下公人《くさかきみんど》先生、外交評論家の岡崎久彦《おかざきひさひこ》先生は、一九三〇年、昭和五年生まれの同い年で、みな保守の言論人です。堺屋太一《さかいやたいち》先生は先ごろ亡くなられましたが、少し年は若くて、昭和十年（一九三五年）生まれです。

この人たちより年上なのが長谷川慶太郎《はせがわけいたろう》先生で（一九二七年生まれ）、もう九十歳を超《こ》えておられますが、まだ現役でやっておられます。

やや古い言葉になりますが、「今昔《こんじゃく》の感に堪《た》えない」という気がします。この言葉を使ってしまうのですが、「今は昔」という、そんな感じなのです。

彼らが今の私ぐらいの年齢《ねんれい》のときは、彼らの全盛期の時代であり、「こういう人たちが、どういう意見を言うか。どういう本を出すか」ということに注目し、ずいぶんと本を買い求めたり、テレビを観《み》たりしたのですが、「勉強になった」と思っています。

竹村先生や渡部先生たちは、私より二十六歳年上になります。

一九八〇年前後に超《ちょう》有名人となり、「電波怪獣《かいじゅう》」と呼ばれた竹村氏

大川隆法　竹村健一先生の場合は、だいたい五十歳前後のころ、すでに超《ちょう》有名人であり、「電波怪獣《かいじゅう》」とも呼ばれていて、「あらゆるメディアに登場してくる。ラジオをつけてもテレビをつけても出ている」という感じではありました。睡眠《すいみん》時間をかなり削《けず》って活躍《かつやく》されていたこともあります。

「そんなに出なくてもいいんじゃないか」という声もあったのですが、「ニーズがあるかぎり（仕事を）受ける」という感じでやっていたようなところがありました。

また、前書（『竹村健一・逆転の成功術』〔前掲《ぜんけい》〕）にも書いてあるのですが、青年用の雑誌などでも、若い人の勉強の仕方や心掛《こころが》け、ビジネスの成功や人間関係などに関して、いろいろと意見を言ってくれたので、そういうものも参考になったと思います。

私がニューヨークにいたころ、日本語書店で、「BIG tomorrow《ビッグ トゥモロウ》」という、青春出版社から出ている雑誌が売られていました。写真入りの大きな雑誌ですが、竹村先生とか渡部先生とか、こういう方々が毎回登場し、青年向けに語っておられたのです。

私は、「ふんふん、ふんふん。自分も五十歳、六十歳になったら、このくらいのことは言いたいものだな」というようなことを本当に思っていたのを覚えています。

「何十年か後に、若い人に意見が言えるぐらいの自分になりたいな」と思っていたのですが、竹村先生は、そういう面での先駆者《せんくしゃ》として、仕事の仕方というか、活躍の仕方を見せてくれたのではないかと思っています。

「同時並行処理《へいこう》」など、仕事の仕方を見せてくれた

大川隆法　仕事の仕方で言うと、この人は、特に、「同時並行処理《へいこう》」とか、単眼ではない、「複眼型の思考」をしたりする方であったので、こういうものについても、努力してまねたところもあります。

例えば、コーヒーを沸《わ》かす間に、トイレに入るとか、歯を磨《みが》くとか、別のこともするわけです。これが合理的かどうかは知りませんし、歯を磨いたあとにコーヒーを飲んで、おいしいかどうか分からないのですが、とにかく、若いころにそういうものを読んで、「なるほど、なるほど」と思ったことを覚えています。

これは、「一つのことが終わってから、次のことをやる」というのではなく、「時間のかかるものを先に仕込《しこ》んでおいて、ほかのこともやる」ということです。

昔の、火で沸かすものだと思いますが、そういうものでコーヒーを沸かしてお

き、その間に歯を磨いたりするわけですが、竹村先生が、「忙《いそが》しい人たちは同時並行処理をするんだ。時間をギュッと詰《つ》めて、いろいろなことをするんだ」というようなことを言っていたのを覚えています。

そういう癖《くせ》も、いつの間にか、うつったのかもしれませんが、私も、同様のことを秘書にときどき目撃《もくげき》されています。

仰向《あおむ》けになって、お茶を飲んだりお菓子《かし》を食べたり、あるいは、映画を観たりテレビを観たりしながら、新聞を読んだり本を読んだりしますし、同時に自分の仕事もやっていたりする場合もあります。二つや三つのことを並行してやるのです。

私は、そういうことにはとても慣れています。これは、何十年もやれば、楽にできるようになります。最初は〝曲芸〟に見えますが、慣れればできることなのです。

竹村先生は、「時間の使い方」のようなものを、すごく大事にしていた方だと思います。

体の強さが、勉強と仕事の「量」と「質」に影響《えいきょう》する

大川隆法　竹村先生は、テレビなどに出すぎて体が弱ってきて、エレベーターの前でしゃがみ込んだりするようになったので、「これはいけない」と思い、五十歳を過ぎてから、他人《ひと》に勧《すす》められてテニスを始め、品川《しながわ》プリンスホテルなどでテニスをやっておられました。

私も、今はやっていませんけれども、一九九〇年代ぐらいには、コートを借りてテニスをやっていたこともあります。

確かに、体を鍛《きた》えると、勉強して頭に入ってくるものが多くなるのです。体を動かさないと満杯《まんぱい》になって入らなくなるのですが、筋肉運動や有酸素運動をすると、勉強したことが頭に入ってきたりするようになるのです。

「言論活動をするときにも足腰《あしこし》を鍛えることが大事だ」ということを知り、勉強になりました。

若いころには、体力をそんなに気にしていないので、「本を読んだら勉強にな る」と思っていたのですが、中年以降になると、「体を鍛えないと、勉強が続かないし、仕事も続けられない」ということが分かってきたのです。

若いころに運動部で活躍していたような、体力に自信のある方でも、三十歳《さい》を過ぎると仕事ができなくなる人はけっこういるのです。たいていの場合、中年太りをしていることもありますが、運動不足もあって、新しいことが頭に入らなくなってくるのです。このあたりは勉強になって、自分でも実践《じっせん》したことです。

こういう知的仕事をしている方は、みな、同時に健康法にもすごく関心を持っておられるので、そういうところは勉強になりました。

テレビの本番でも感情をはっきり出す面白《おもしろ》い人

大川隆法　竹村先生は、五十代から六十代ぐらいのときがいちばん活躍していたと思います。いちばん有名だったのは、「竹村健一の世相《せそう》を斬《き》る」（フジテレビ系列／一九七九～一九九二年放送）というテレビ番組で、十数年続いていたので、これを日曜日に観ていた方は多かったと思います。

今、三十歳から上ぐらいの方は、竹村先生を知っている方が多いのではないかと思いますが、学生から下の年代になると、ちょっともう、知らない方が増えているのかなとは思います。

竹村先生は、テレビで、毎回ゲストを呼んで話をしていたのですが、人によって態度が変わることがありました。気が合うとガンガン盛り上がるのですが、合わないと、テレビの本番で喧嘩《けんか》別れをするようなこともあったりして、非常に感情をはっきり出してくるので、面白《おもしろ》いところもありました。

幸福の科学の草創期に、父・善川三朗《よしかわさぶろう》が竹村氏に抱《いだ》いた印象

大川隆法　また、当会とも縁《えん》があって、初期に『坂本龍馬《さかもとりょうま》の霊言』（現在、『大川隆法霊言全集　第11巻』〔宗教法人幸福の科学刊〕に所収）が、霊言集の六冊目で出たときだったと思いますが、坂本龍馬に、「今、生まれ変わってきたら、どんな仕事をしたいですか」ということを、善川三朗顧問《よしかわさぶろうこもん》（当時）が訊《き》いたところ、「竹村健一みたいな仕事をしているかも」というようなことを言っていました。

それで、その『坂本龍馬の霊言』をご本人に贈《おく》ったところ、「ガーンッと頭をやられたような感じになって、クラクラきた」ということでした。

あるとき、竹村先生が徳島で講演会をやったときに、私の父親がゲストで呼ばれて来賓席《らいひんせき》で聴いていたのですが、そのあと、二次会に連れていかれたそうです。

徳島に、そんな上等なバーがあったかどうかは知りませんが、そういうところに連れていかれたものの、父親は酒を飲まない人だったので、ぶりぶり怒《おこ》って帰ってきました。「（竹村先生は）行儀《ぎょうぎ》が悪い」と言って怒っていたのです。

ただ、「硬《かた》い話をしたら、そのあとは、軟派《なんぱ》系でちょっと神経を休める」というのが、彼の長続きの秘訣《ひけつ》だったのだろうとは思います。

本（霊言）を贈ったとき、「善川三朗」の名前で出していて、本名を隠《かく》し、住所も書いていなかったのですが、その講演会の主催者《しゅさいしゃ》の保険会社に調べさせて、家を探し当て、そして、「講演会に来てくれないか」と言ってきたわけですが、「そのあとの二次会の酒飲み会の態度が、もうひとつだった」と、父親のほうが判断して、「（竹村先生が）会いたいと言っても、おまえは会うなよ」と、私は釘《くぎ》を刺《さ》されたのです。

それから、私が有名になる前ぐらいの、一九九〇年か九一年ぐらいだったと思いますが、竹村先生から、「箱根《はこね》の別荘《べっそう》に一週間ぐらい泊《と》まって、ゆっくりと話しに来ないか」と誘《さそ》われたことがありました。まあ、一週間ぐらい一緒《いっしょ》にいて、裏から表から全部観察してやろうということであったのでしょうが、私も有名になってきつつあるときだったので、「今、パトロンのようになってもらって、紹《しょう》介《かい》されても、ものすごく恩を着せられる感じになるし、あと半年か一年すれば、こちらのほうが有名になるかもしれない」と思って、そのときは丁寧《ていねい》に見送らせていただいたのです。

さらに、『黄金の法』(幸福の科学出版刊)に竹村健一先生の名前が出ていたこともあり、おそらく、『坂本龍馬の霊言』や『黄金の法』などは、たくさん献本《けんぽん》されて困ったのではないかと思います。

「評論家」のステータスを上げた竹村氏の仕事法

大川隆法　ただ、先ほど述べた先生がたについても、みな、私のほうは好感を持っていたので、以心伝心《いしんでんしん》でそれが伝わり、晩年に、さまざまなかたちで、当会が政治運動などを始めたあたりから、バックアップでいろいろと応援《おうえん》してくださったように思います。

そういうことで、「保守の言論人」というものを勉強させてもらいました。

私の若いころは、「評論家」というのは、そんなに地位は高くなく、大学教授のほうが偉《えら》い感じもあったのですが、竹村先生が活躍され始めて、テレビなどいろいろなものに出て有名になってきたあたりから、大学教授よりも評論家のほうがステータスが上がってきたような感じがしました。

大学教授の場合、自分の専門のことだけを勉強していて、それについてだけ答なくてはいけないわけですが、評論家になると、どんなことにも答えなければいけなくなるので、すごく博識、博学でなければいけないのです。そのため、みな、だいたい何か専門は持っているのですが、だんだんそれを広げていって、何でも答えるようになっていくのです。

渡部昇一先生もそうです。英語学から始まって、いろいろなものに答えるようになっていかれましたが、こういう、（専門の）井戸《いど》を一本掘《ほ》って、そこから広げていくというスタイルです。

この仕事のスタイルも、私は勉強になりました。私は宗教家にはなりましたが、ほかにも専門の井戸は幾《いく》つか持っているので、物事が多角的に見えるようにはなっています。

死後四日の竹村健一氏を招霊《しょうれい》する

大川隆法　そういうことで、「今昔の感に堪えない」と言いましたが、「世代交代なのかな」という感じも受けています。「こうした大物たちがいなくなっていったら、そのあと、次の二、三十年は、私が責任を持ってやらなければいけない」ということを、ひしひしと感じております。

まあ、私の話が長くなってもいけませんし、ご本人（の霊《れい》）をお呼びしたほうがみなさんのためになると思いますので、呼んでみます。

亡くなって四日後なので、どうでしょうか。まだ話はしていないのですが、来られるのは確実だと思います。

それでは、評論家で活躍されました竹村健一先生の霊をお呼びいたしまして、幸福の科学 特別説法堂《せっぽうどう》にて、霊言を頂きたいと思います。

竹村健一先生の霊よ、どうぞ、幸福の科学に来たりて、われらにアドバイス、あるいは、世間《せけん》の人々に対する、死後四日の感想等を聞かせていただければ幸いだと思います。お願いします。

（約十秒間の沈黙《ちんもく》）

2　死して健在、竹村氏の「逆転の発想」

「七月七日を狙《ねら》ってたのに、一日ズレてもうた」

武田　竹村健一先生でいらっしゃいますでしょうか。

竹村健一　ああ、まあ、だいたいそうやな。

武田　（笑）だいたいそうですか。

竹村健一　うん。

月刊「ザ・リバティ」（幸福の科学出版刊）の取材を受ける竹村健一氏（2012年9月4日、東京都）。

武田　ありがとうございます。

竹村健一　うん。

武田　七月八日に、先生はお亡《な》くなりになったということで。

竹村健一　そう。七日を狙《ねら》ってたんや。七月七日をな。

武田　そうですか。

竹村健一　惜《お》しいことをした。一日ズレてもうた。

武田　そうですね。

竹村健一　うーん。七月七日やったらな、もうちょっと盛大に、今後やってくれる可能性があるのになあ。

「自分が死んだニュースは、できたら伏《ふ》せておきたかった」

武田　本日は七月十二日で、死後四日となっているんですけれども、本日の朝刊では、先生がお亡くなりになったという記事が、各紙に出ております。

竹村健一　うん。

武田　まず、先生の今のご気分といいますか、今、どのような状態でおられるのでしょうか。

竹村健一　いや、君もよく知ってるようにさ、わしゃ、〝謙虚《けんきょ》な人間〟やからな。

武田　（笑）

竹村健一　だから、自分が死んだニュースなんていうのは、こんなもん、世間《せけん》に流したい気持ちはまったくなかったんや。

武田　なるほど。

竹村健一　できたら、伏《ふ》せておきたかったなあ。エジプトのピラミッドの王様みたいに、もう棺桶《かんおけ》に入ってジーッと何千年も眠《ねむ》っていたい感じがあったんやけど。まあ、四日しか伏せられんかったが、しょうがないな。

武田　ご家族で密葬《みっそう》されたということでしたけれども、やはり、有名な方ですので。

竹村健一　まあ、生前、出すぎたからさ。「死んでまで出てきたら、ちょっと出すぎだろう」っていう。

武田　うーん。

竹村健一　これからまた、夏のな、「怖《こわ》い特集」がいっぱい組まれるころやからな。「竹村健一の幽霊《ゆうれい》が出た」っていうので、君らが投稿《とうこう》したら、テレビに出るかもしらん。

武田　なるほど。

竹村健一　「私が体験した怖い話」という。

「飲み食いに〝戒律《かいりつ》なし〟で八十九まで生きたら、まあまあ」

武田　多くの方が、亡くなられたあと、大川隆法総裁のところにいらっしゃいます。

竹村健一　そうなんよ。みんな順番に来てるから、まあ、どうせ呼ばれるとは思うとったけどな。

武田　そうですか。まあ、いろいろな方がいらっしゃいます。なかには、自分が亡くなったことに気づいていない人とか……。

竹村健一　ああ、ああ、ああ。

武田　逆に、すごく軽《かろ》やかに、生前のときのように出てこられる方もいらっしゃいます。

竹村健一　うん。

武田　竹村先生は、本当に生前のころと同じような、非常にユーモアのある、軽い感じでいらっしゃっているように私は感じますが。

竹村健一　まあ、長生きできたほうよ。飲み食いはね、けっこう〝戒律《かいりつ》なし〟だったから、ほぼね。ああいうふうに飲み食いしたら、もうちょっと悪い病気で早く死んでもええんやけどな。まあ、八十九まで生きたら、まあまあまあ、いいんじゃないか。

武田　なるほど。

竹村健一　百歳《さい》（まで生きる）っていう考えもあるけど、まあ、家族に迷惑《めいわく》かけるからな。このくらいが、ちょうど頃合《ころあ》いかなと思っとるがな。

武田　亡くなられて、今、自分は霊になっているという……。

竹村健一　そらあ分かっとるよ、君。

武田　（笑）そうですね。

竹村健一　そんな説教するなよ。

武田　はい（笑）。失礼しました。

竹村健一　うん。さすがにそれはないだろう。もう何十年も、大川隆法さんの本を読んどるんだからさ。そんなことは、さすがに訊《き》かれたくはないな。

武田　ありがとうございます。

竹村健一　それは分かっとるよ。うん。

信じていない六千万人をチャンスと捉《とら》える「逆転の発想」

武田　この竹村先生の霊言《れいげん》は、ぜひ一般《いっぱん》の方にも聴《き》いていただきたいと思いますので……。

竹村健一　そうなんや。あのな、大事なことを分かりやすうに伝えるのが、わしのテクニックやからな。

武田　そうですね。

竹村健一　君らにも教えてやりたいぐらいや。なあ?

武田　はい。世の中には、まだ、「霊はいるのか」とか、「死後の世界があるのか」とか、疑っている人が半分以上だと思いますので、そういう方々に対して、竹村先生から、実際に体験したことなどを……。

竹村健一　いや、君、「逆転の発想」が大事や。江戸《えど》時代だったら、あの世があって、霊があるっていうのは、ほぼ百パーセント、みんな信じとったんや。な？

武田　そうですね。

竹村健一　だから、宗教だって、けっこう厳しいもんだった、ある意味では。みんなが信じてるっていうのは。

武田　はい。

竹村健一　だから、「半分は信じていない」っていうんなら、それは君ね、「新しいお客さんが、まだいっぱいいる」っていうことやから。「宗教が今、廃《すた》れている」みたいなことを、マスコミでは言うとるんやろうけど、そんなことないよ。これはもう、「勝つ宗教は勝ち放題」だわな。

武田　なるほど。

竹村健一　日本人の半分だけっていったって、六千万以上はいるんだろう？　信者がまだ六千万以上取れるんだから、これはうれしいわ。

武田　そうですね。

竹村健一　ウハウハや。なあ？　六千万いたら、もう韓国《かんこく》に勝てる。国として独立できるよ。
　だからね、そういうふうに悪いほうに取らずにな、それをやっぱり「チャンスや」と。

武田　チャンスですね。

竹村健一　これはもう、「ほかの宗教と圧倒《あっとう》的に差をつけて差別化したら、もう全部、幸福の科学の信者になる」と思うてやったらええねん。

武田　なるほど。分かりました。

3 「死んだらどうなる？」リポート

「死後四日だと、身近な人のところにしか顔合わせが済んでいない」

武田　竹村先生のお力も少々お借りしたいと思っているのですが、今、ご体験されていることのなかから、そういった人々に対しても、何かお話しいただけることはありますか。

竹村健一　そんなの、大川隆法先生の仕事やないか。
死んで三日……、四日か？　新入社員みたいな私に、そんなに難しいことが分かるわけないだろうが。

武田　ただ、「死んだら自分の存在がなくなってしまう」と思っている人もいますので、亡《な》くなられたあとのご様子を伺《うかが》えるだけでも、非常に貴重なものになると思います。

竹村健一　ああ、なるほど。まあ、四日ぐらいやったら、ほとんど、病院から家族まわり、あと、ごく親しい人のところぐらいにしか、まだ顔合わせが済んでないっていうか……。「顔合わせ」って言うのかな？　これ。顔がないから……。顔はあるのかな？　ないのかな？

まあ、顔合わせっていうか、いちおう、「どうしとるかな」と見て回るのは、その程度しかまだ行けてはないよ。

今日、新聞とかに載《の》ったからさ、これから、いろんな人の思いがいっぱい来るし、まだ、記事とかもっと出たり、テレビにも出たりするんだろうけどさ。いや、どうってことないよ。ほんとねえ、あのね、チョウチョが蛹《さなぎ》から孵《かえ》って、空飛ぶような感じ？　まあ、ほとんどそんな感じ。ごく自然な営《いとな》みだな。

武田　なるほど。

竹村健一　だから、蛹のまま……、蛹じゃないわ、何だ？　あれ、何虫って言うんだ？　青虫か。

武田　青虫ですね。

竹村健一　青虫で自由に動いてたつもりね。これが地上にいる君たちの状態ね？

武田　はい。

竹村健一　ところが、だんだん年を取って体が悪うなって、病気になったりして、病院でベッドで寝《ね》たりするようになると、これが蛹になった状態やな。動かなくなった、働けなくなった。それが、背中が割れてチョウチョが出てきて、空へ飛ぶ。これが魂《たましい》の状態やな。

武田　なるほど。

竹村健一　チョウチョと魂っていうのは、まあ、語源的にも関係あるからね。まあ、そんな感じだから、今、チョウチョになってる状態。だから、元の青虫

●語源的にも……　古代ギリシャ語で、「プシュケー」とは魂や蝶を意味する。

には戻《もど》れない。

霊体《れいたい》になっての不思議体験、あれこれ

竹村健一　まあ、歩けることは歩けるけど、何か、青虫が地べたを〝キャタピラ〟でしっかり歩いているような感じにはならないね。だから、歩けるけど、空を飛ぶほうが楽。

そういうふうに、やっぱり、「空中を自由に動ける」っていう感じはすごくあるし、建物も、こういうふうに天井《てんじょう》とか壁《かべ》とかドアとかあるけど、もう関係なしにスッと通れるっていうの？　まあ、映画とかいろんなもので観《み》たことはあるけどさ、「やっぱりそうなんだなあ」っていう。

だから、ホラーものなんかでもさ、鍵《かぎ》をかけてお札《ふだ》をいっぱい貼《は》ったりしてさ、塩を撒《ま》いたりして、入《はい》れないようにしたりするけど、あんなのしたって無駄《むだ》だな。

どこでも入れちゃうね。まあ、それが霊《れい》の特徴《とくちょう》だな。どこでも行けるけども……。

武田　なるほど。

竹村健一　ここは、ちょっと大川先生に解説してもらったほうがよく分かるんだけども。

君らの声も全部聞こえるのよ。鼓膜《こまく》はないけど、聞こえるんで、ええ。鼓膜はないけど聞こえて、(君たちが)声に出さなくても、考えてることも聞こえるのよ。分かるのよ。テレパシーっていうやつだな。

分かるんだけど、「こっちの思いが伝わらない」っていうやつだなあ。

これが、人によって、何て言うかな、霊感がある人もいるから、ある程度、ちょっと感じるような人もいることはいるけど、たいていの……、ま、九十パーセントぐらいの人は何を言っても反応しないね。

十パーセントぐらいの人は、「うん？」って感じ。ちょっと、「うん？　うん？」っていうようなのを感じたり、わしのことをフッと何か思いついたり、ちょっとそんなことを思いついたりするのが十パーぐらいいる感じね。

まだちょっとサンプル数が少ないんで、大きいことは言えんけども。

「死の瞬間《しゅんかん》」というのは、どういう感じなのか

武田　「死の瞬間《しゅんかん》」というのは、どういうものだったのでしょうか。「痛い」とか「真っ暗だ」とか、何か感じましたか。

竹村健一　うん。しばらくは、何て言うかな、まあ、体が悪くなって、私は多臓器不全とか何かそんなのであれだけど。いろいろと治療《ちりょう》したりしていることが多

いから、死んですぐは、病気の末期のときの状態は、まだちょっと、けっこう残ってる感じはあるわけよ。

だから、心臓が苦しい人は心臓が苦しいし、臓器とか、何か痛みがある人はあるし、腰《こし》が痛いとか、足が痛いとか、神経に来るとか、頭が痛いとか、いろいろそういう感じがあれば、死んでしばらくはそういう感じがちょっと残ってる。だけど、だんだんだんだんだん、少しずつ薄《うす》れていく感じかな。

武田　死ぬ瞬間というのは、やはり、（霊体《れいたい》が）体から抜《ぬ》けていく感じなんですか。感覚は……。

竹村健一　うん。でも、その死ぬ前の段階でね、ちょっと前ぐらいから（霊体が）出たり入ったりして。

だから、あんたがたが寝てるときにね、夢を見ているときなんかに出て、実際、霊体でいろんなところに行ってると思うけど。それを夢だと思ってるけども。病気とかして、もうすぐ死ぬという前の段階になると、まあ、だいたい一カ月とか、人によってちょっと個人差はあるけど、三カ月とかもあるけど、一カ月前ぐらいから〝出たり入ったり〟してる。

だから、寝たままになっていて、夢を見ているわけじゃないんだけど、出たり入ったりする感じとか、フッと遠くへ行っててて帰ってきたりみたいな経験は、する人が多いんじゃないかな。わしもしたから、うん。

渡部昇一《わたなべしょういち》氏の霊《れい》と会い、「死後の心構え」を聴《き》いた

武田　例えば、そうしたときに、すでに亡くなった人と会うような体験など、何かありましたか。

竹村健一　うん。まあ、そういうこともあります。うんうんうん。だから、病院とかだったら、訪問に来てる霊人《れいじん》とか、たぶん、ご先祖さんとかね、友達とか、いろいろ知り合いなんだろうけど、いっぱいいるし、家で臥《ふ》せっていても、まあまあ、いろんな人が来たりはするよ。

私も、渡部昇一《わたなべしょういち》さんとかね、やっぱり、ちゃんと来てくれたよ。

武田　あっ、そうですか。

竹村健一　うん。あれねえ、坊《ぼう》さんでもないくせにさ、説教垂れよって……。

武田　説教ですか（笑）。

竹村健一　はい。

武田　どんな説教でしたか。

竹村健一　人の死に方。「死ぬときは、こういう心構えが大事だ」みたいなことをちょっと説教垂れて、まあ、言ったりしとったよ。

武田　渡部先生は、どんな心構えが大事だと言っていましたか。

竹村健一　どんな心構えって？　まあ、「肉体はないもんだと思え」とか、「焼かれても痛あないからな、痛いと思うのは迷いだ」とか、「焼かれたら、熱い、痛いとか思うだろうけど、それは迷いだからな」とかな。まあ、そんなようなことは言うとった。うん。

武田　なるほど。生前の絆《きずな》というのは、非常に重要なんですね。

竹村健一　うん。だから、（霊界《れいかい》での）先輩《せんぱい》として、「わしなんか、もう死んでからも霊言《れいげん》で出しとるのやぞ、何冊も。だから、そこで恥《はじ》をかかんようにすることも大事や。〝いかに高級霊に見えるか〟っていうことが大事なんやからな。迷うとるように見えたら、もうもう、昔の書物も全部売れんようになるからな、気をつけろ」というようなことは言うとったな。

武田　なるほど。

病院などにへばりついている霊《れい》の生態

武田　もし、お分かりになるようであれば、お教えいただきたいのですが、例えば、亡くなったばかりの人で、あの世のことなどを信じていないような人を、竹村先生は目撃《もくげき》したりはしていませんか。

竹村健一　そりゃいるよ。

武田　いました？

竹村健一　うん。病院なんかは、それはいっぱいよ、そんなの。

武田　そういう人は、どのような感じになっているのでしょうか。

竹村健一　いやあ、へばりついてるよ。

武田　へばりついてる?

竹村健一　やっぱり、病室でまだ頑張《がんば》っとるよ。

武田　ああ……。

竹村健一　うん、うん。頑張って。「まだ死んでない」と思ってるから。だから、霊《れい》なのにさ、点滴《てんてき》を付けて歩き回ったりしている人もいる。

武田　そうですか。

竹村健一　うん。「ない」のに。そんなものないのに「ある」と思って、想像して……。想像の産物だから。点滴して、ああいう、何て言うか、病人の服を着て、病院の廊下《ろうか》をウロウロ歩いたりしているよ。

武田　そうなんですか。

竹村健一　だから、（生きている人でも）霊視《れいし》が利《き》いたら、あれは幽霊《ゆうれい》に見えるやろ、たぶん。

武田　なるほど。そういう人たちの周りには、その人を説得するような霊というのはいないのでしょうか。

竹村健一　いやあ、そりゃね、それぞれの人の機会があるからさ。その人にとって都合《つごう》のいいときっていうか、死を受け入れられる段階？

要するに、自分で認めないのよ、まず。あの世を信じていない人は、死を認めないのよ。死っていうものを拒否《きょひ》するから。だから、説得しても、まず聴《き》かないから。それを合理的に……、要するに、そういう人が来たっていうことを、「自分は死んでいないということだ」と、こういうふうに取るわけだ。

武田　なるほど。

竹村健一　うん。それで、何か知らんけど、不具合が起きてることぐらいはちょっと感じるんだけど、これは、病院が何かまた新しい薬を使って、意識が混濁《こんだく》したり朦朧《もうろう》となるような注射を打ったか何かして、薬のせいでちょっと変な感じになったと。

で、「看護婦に声を掛けても振《ふ》り向きもしない」とか、「サービスがすごく低下してる」とか、文句《もんく》をいっぱい言ってるよ。

武田　ああ……、なるほど。

竹村健一　うん。食欲がある人は、まだあるしね。

武田　ああ、そうですか。

竹村健一　うん。食欲があったりね、まだ、「おしっこしたいんだけど……」とか「トイレ行きたいんだけど……」とか言ってる人もいる。

武田　そうやって、生活しようとしてウロウロしているわけですね。

竹村健一　うん。まだその延長上。

共産党系、科学者、エンジニア、医者――「気づくまで、なす術《すべ》なし」

竹村健一　主として、共産党系の思想にかぶれているような人たちは、もはや救いようがないね。うん、ほとんど。もうね、「死んで終わりだ」と思ってる人。

武田　ああ……。なるほど。

竹村健一　まあ、共産党系では、いちおう、ご先祖を祀《まつ》ってるぐらいの人もいるから、全部とは言わんけどね。

あと、科学者とか、そういうタイプの人や、エンジニア系の人。まあ、医者もいるけどね。うん。

「死んだら終わりだ」と思ってるような人は、まあ、はっきり言って、うーん……、大局的に言やあ、本人が気づくまではもう、なす術《すべ》がないっていう状況《じょうきょう》。

武田　なす術がない、のですか。

竹村健一　だから、わしが言うような、「壁が通り抜けられる」とかさ、「天井が抜けられる」とかいう、例えば、「病院の三階にいるのに、天井を抜けて四階に行ける」とか、こんなのおかしいじゃない？

武田　そうですね。

竹村健一　これが、「霊がある」と思っとれば、「そうか」と思うけど。あるいは、屋上だって行けちゃう。そんなの、ありえないでしょう？
だけど、自分で死を認めない人は、そのありえないことを、「夢だ」とか、「幻《げん》覚《かく》だ」とか、「薬のせい」とか、やっぱり思うし。
家族とかは来るけど、何かパントマイムを見ているように、みんなが見える。逆なんですよ。家族たちのほうが、昔のチャップリンの無声映画みたいなのを観ているように、何か、白黒で音のない世界が動いているように見えちゃうんだよな。〝逆〟になっちゃう。

武田　〝逆〟になっちゃうんですね。

竹村健一　うん、うん、うん。

武田　病院には、ほかに、悪霊《あくれい》・悪魔《あくま》など何かいないのでしょうか。

竹村健一　いや、いるよ。そんなものもいるし、天使らしき人が来たりもするし、まあ、それはある。うん。

武田　天使も来て、双方《そうほう》から働きかけが入っているという感じなんですね？

竹村健一　うん。

病院で退屈《たいくつ》した霊《れい》は、どこに行く?

竹村健一　まあ、ただ、うーん……、その死を信じないっていうか、認めないっていうのも、それは本人の「人生の通信簿《つうしんぼ》」だからね。

だから、気がつくまで時間がかかるっていうのはしょうがないよ。それは「落《らく》第《だい》」なんだよ。落第なんで。

しばらくして、その病院とかでいて、退屈《たいくつ》してくるやろ? そうすると、自分が知ってる職場とかね、昔の友達に会いに行ったりとか、いろいろするんだけど、みんな反応が全然ない状態ね。

だから、こういうのを見れば、いわゆるホラー映画でも、ないよりはやっぱりましだな。

武田　ああ……。そうですか。

竹村健一　やっぱり、ああいうのがあるっていう……、「そういう世界がある。死んで幽霊になって、会いに行って、怪奇《かいき》現象が起きたり、周りが全然反応しないとかいうことが分かる」っていうだけでも大事で。幽霊の姿を鏡に映すだけでも、難しいんだよ、けっこう。

武田　うーん！　そうですか。

竹村健一　映らないいんで。

武田　映らない？

竹村健一　なかなか映らないし。

霊《れい》が怪奇《かいき》現象で脅《おど》そうとしても、ホラー映画のようにはならない

竹村健一　怪奇《かいき》現象を起こそうとしてさ、何だか脅《おど》したりいろいろするんだけど、あんなホラーの幽霊《ゆうれい》みたいに、はっきり見えてくれないのよね。

ポルターガイストとかさ、ああいうのは、音をいろいろ立てたりとか、物を動かしたり、いつの間にかタンスを動かしたり、椅子《いす》が転げたり、寝てる女性の布団を引っ張って剥《は》がしたりとかさ、面白《おもしろ》いからやってみたい。私もやってみたいぐらいやけど。

武田　（笑）

竹村健一　だけど、引っ張ったって布団が動きやしないんだよ。そんな簡単じゃないんだよなあ。

やっぱり、できるのでも、「念動《ねんどう》」って言うんかな。できる人は、やっぱり、少ない。そんなに多くはないですね。わしも、そんなにできないんやけど。まだね、分からないんだけど、できる人も多少いる。

まあ、でも、数は少ないわな。そういう怪奇事件が頻発《ひんぱつ》している数と、死んでる数から見たら、やっぱり、万に一つぐらいしか起きないんじゃないのかね。

武田　ありがとうございます。

4　竹村氏の霊《れい》の「霊言《れいげん》実体験」リポート

大川隆法の毎日の新聞等の読み方

綾織　ありがとうございます。

今、霊言《れいげん》は、ある意味で、世の中的にも関心が集まっているところではありまして。

竹村健一　ああ、そうです。

綾織　今回は、大川総裁のほうから（竹村先生の霊を）呼ばれたようなかたちと、いちおう理解はしているのですが、実際、お亡《な》くなりになって、いろいろな方と挨拶《あいさつ》をされるなかで、どういうかたちで、今日、ここに来られたのかというプロセスを、お教えいただきたいと思います。

竹村健一　いや、それは、朝の新聞を見て。新聞も、右から左まであるからさ。大川総裁の趣味《しゅみ》はね、自分の思想と反対の新聞から読んでいくんですよ。

綾織　ほお。

竹村健一　だいたい。だから、いちばん最初に「東京新聞」を読んで。

綾織　そうなんですか。

竹村健一　うん。次、「朝日新聞」を読むんですよ。そして、「日経新聞」を読むんですよ。というような感じで行って、「読売」になり、最後は「産経」になるんですよ。こういう読み方をするんです（注。大川総裁の新聞の読み方は、東京、朝日、日経、読売、産経、英字紙三紙、夕方に毎日・朝夕とドイツ紙三紙、その他スポーツ紙や夕刊紙、タブロイド紙は広報局から報告があれば読み、そのうち、日刊ゲンダイ、夕刊フジ、フジサンケイビジネスアイは精読している）。

だから、自分とだいたい反対のことを言いそうなところを、かなり精読するんです。ザーッと。

（「左」寄りの新聞には）「竹村健一が死んでいる」なんていうのが、すごく後ろのほうの小さな記事になっていて、だんだんあとになっていくほど、「右」に寄っていくほど、私の記事が大きくなって、カラーになったりしてくるわね。で、最後、「産経新聞」になると、一面に死亡記事が出ると。だいたい、こういうふうになってきて、あとになるほどインパクトが大きくなってくるようになるわけね。まあ、生前の距離《きょり》感が新聞にも出てるけど。

今回の霊言《れいげん》が発生するまでの経緯《けいい》

竹村健一　そうやって見てたら、（大川隆法総裁は）「ああ、これは霊言《れいげん》になるだろうな」っていうことは分かってて。

奥様《おくさま》もいらしたが、「霊言になるだろうね」「そうでしょうね」って。で、「秘書も、これは諦《あきら》めたんだろうね」「顔写真に（白い紙を）貼《は》っていないから、これは諦めたんだろうね」っていう。「ジャニー喜多川《きたがわ》が死んでも、（白い紙を）貼って、来させないように〝封印《ふういん》〟したのに、こっちは貼っていないから、来てもしょうがないと見たんだろうね」と。

綾織　（笑）なるほど。

竹村健一　で、どうせ来るんだったら、遅《おそ》く来られるほうがダメージが大きいので。明日《あした》の午後、東京で講演会か何かあるんやろ？

綾織　はい。

竹村健一　明日の午前中とかに頑張《がんば》られて、午後は声がすごく悪かったり、くたびれてたりすると、みなさんに申し訳ないじゃない。ね？

そしたら、今日、もし朝に新聞を見ても（霊言を）やらなかったら、午後に「やれ」と言ってくるか、夜にやってくるかする可能性があるというような考えもあって（笑）。「早けりゃ早いほどいいね」っていうことで、「もう午前中にやっちゃおう」という、そんなような話で。

インターネットの世界のように「距離《きょり》がなく〝ツーツー〟」な霊界《れいかい》

綾織　そうしたところをご覧になっている状態なんですね。

竹村健一　うん。ツーツー、ツーツーツーツーツーツーツーなのよ、もう。インターネットの世界みたいなもんで、もう、ツーツーなのよ。

綾織　なるほど、なるほど。

竹村健一　距離《きょり》はないの。距離は関係ないの。霊界《れいかい》は、もう、距離は関係ないんで。思いが通じたら、もう、ピーッなんで。本当に、インターネットのあれとよく似た感じで。

綾織　ご自身のほうでも、こちらに登場しようと、準備されていたのでしょうか。

竹村健一　だけど、死亡記事が載《の》らないとさ、（大川総裁の）頭にアンテナが立ってないから考えてない。まあ、「十年ぐらい出てこないなあ」とは思っていたとは思うけどね。「ニュースがないということは、まだ死んでいないんだろうな」ぐらいにしか思ってない。「病気が長いのかな」とか思ってらしたようであるから。

竹村健一についての解説記事をちょっと読んだだけで、意識がスッと通じちゃうので、そしたら、どっちが呼んだか分からないけど、ビッとつながる。

綾織　総裁の思いがグーッと来て、移動する……。

竹村健一　いや、大川総裁のは、もう、地球の裏側まで届くから、切るほうが大変なぐらいでしょうね。つながらないようにするのが大変なもんで。つながっちゃったら、だいたい、もうしょうがない感じで。

死んだ霊だけじゃなくて、生きてる人のだっていろいろ来てるからね。いっぱい来てるし、宇宙の彼方《かなた》までつながるらしいから。私は、そのへんの勉強、まだ、ちょっとよく分からないんだけどね。

綾織　「いつの間にか、この収録の場所にグーッと来ていた」というような状態なのでしょうか。

竹村健一　言ってみれば、何て言うかな、うーん、「ドラえもん」で言やあ、「どこでもドア」みたいなもんで、ドアを開けたら、ポコッとそこに出られる感じかな。

綾織　ああ。

大川隆法の体に入って話をするときの感覚とは

武田　少し変な質問かもしれないのですけれども、今、大川総裁の体に入ってお話しされているじゃないですか。

竹村健一　うん、うん。

武田　それは、生前、ご自身が自分の体を使って話すとき、頭を使って話すときと、何か違《ちが》いはあるのですか。

竹村健一　うん、ちょっとだけ違うなあ。ちょっとだけ違う。何て言うか、「少し道徳的に、礼儀《れいぎ》正しくしなきゃいけないんじゃないかな」っていうか、強迫《きょうはく》観念ではないけど、そういう強制的なのが、ちょっとかかってはくるけど。

武田　ほお。

竹村健一　でも、「それやったら、竹村健一でなくなるんじゃないかなあ」みたいな感じの反発力と（会場笑）、何か両方あるね。

武田　はあ。

竹村健一　うん。「大川総裁に、そこまでは言ってほしくない」というあたりがあるから、やっぱり、「ある程度の範囲《はんい》内で」と思ってるのに、「いや、そうはおっしゃらずに」とか。

横の控《ひか》え室なんかでもね、「ちょっと言うたろか」と、「宗教家とかいうのは、あんまり堅《かた》すぎるとあかんよ。人生面白《おもしろ》うないし、教えも広がらんから、もうちょっと破天荒《はてんこう》に面白いことを言うたほうがええんとちゃうか。あんまりまとまったら、ようないよ」みたいな感じの話をしてやろうかなあなんて思ったりしてても、いやあ、すぐに〝逆の返し〟が返ってきて。

武田　（笑）

竹村健一　「いやいや、そうは言っても、やっぱり、幸福の科学の〝映倫《えいりん》〟っていうのがあって、それを通るか通らないかっていう一定の範囲がある」とかね。「竹村健一が入ったからって、何でも言い放題というわけにはいかん」っていうような感じの〝返し〟は入るのよ。

武田　なるほど。

「言論が不自由」になってきた現代の雰囲気《ふんいき》

綾織　そうした制約はあるとは思うのですけれども、この場というのは貴重な遺《ゆい》言《ごん》の場でもありまして、世の中に対して、竹村先生としてメッセージを発することができる場でもあります。

晩年は、自由な言論活動というのは、なかなか、おできにならなかったところがありますので、ぜひ、日本のことでも世界のことでも、何でも構いませんので、言いたいことをおっしゃってほしいなと思います。

竹村健一　うーん。いやあ、そうなんです。だから、すぐ隣《となり》の部屋で考えてたけどね、（質問者には）女性も参加されるということでさあ。

わしなんか、もう、テレビに出ていろいろしゃべって、ラジオでしゃべって、言いたい放題しゃべっとったんやけど、今の時代、いちばん、「言葉がえらい難しいなあ」と思うのは、もう、パワハラとかセクハラとかいうものの領域が、すごく広がってきたじゃないの。このへん、いやあ、本当、言論人としては非常に困ることだねえ。

綾織　個人的にも、おそらく、お困りになると思います（笑）。

竹村健一　いやあ、本当なのよ。これ、困っとるわけでさ。例えば、あんた（吉川）を見てさ、「きれいやな」って言っても、これでもセクハラになる可能性があるんじゃないの？　今、何か。

綾織　うーん。そうですね。

竹村健一　「きれいやな」はいいかな。「美人やな」って言ったらセクハラ？　いやあ、でも、怖《こわ》いんだよ、この世の中。今、仕事じゃないから、もういいいんだけどさ。「姉ちゃん、おっぱい大きいほうがええよ」とか言うたらねえ、これ、どうせ編集部で伏《ふ》せ字、削除《さくじょ》するんだろ、自動的に。竹村健一の許可なく、「姉ちゃん、おっぱい大きいほうがええよ」とかいうのをシャッと。たぶん、大川総裁の許可もなく、自動的に編集されるんだろ？

綾織　そんなことはしないと……（笑）。

竹村健一　だけどもさ、「これ、基準はいったいどこにあるの？」っていう。

綾織　うーん。

竹村健一　でも、気をつけないと、やっぱり、言論が不自由にもなるところもあるよ。

いや、なんでこれを言うてるかというと、今、イラン問題が来とるやろ？　あそこになると、この男女問題の話に必ずつながるからさ。「奥さんを四人持ってもええ」とかいうのと、キリスト教の側から、「そんなのは悪魔《あくま》の教えだ」みたいな攻撃《こうげき》をしてるのと、それから、週刊誌とかはキリスト教を信じてもないくせに、それを飯の種にしてるようなところがあるじゃない。ほとんどね。

こんなところだって、いやあ、どうなんかなあと思う。「もしかしたら、議論することと自体、はばかられるようなことなのかな」とかさ、いろいろ考えちゃうところがあるわね。

5　トランプ氏の特技と計算の見破り方

ポリティカル・コレクトネスを破るトランプ氏の本意

綾織　その意味では、アメリカのトランプ大統領などは、ポリティカル・コレクトネスというものをどんどん破っていって、ご自身の言論の自由を無限に拡大していくようなかたちを取っています。もちろん、マスコミとの対立というのは、どうしても出てくるのですけれども。

その一方で、日本ではマスコミが強く、言論の自由がないというか、制限されていて、国会議員でも自由な議論ができないといった感じのところがあります。

このあたりも、やはり、言論という意味合いでは、ある程度、自由を確保でき

●ポリティカル・コレクトネス　1980年代のアメリカで出てきた概念で、「性別、人種、民族などの違いによる偏見や差別を是正《ぜせい》すべき」という考え方に基《もと》づき、中立的な表現・用語を使用すること。

るような状況《じょうきょう》をつくっていかないといけないと思います。

竹村健一　いやあ、だいたいやね、トランプさんは、若いころから私も知ってはいるけどね、けっこう商売上手だからね。「自分をどうやって売り込《こ》むか」っていうのは、商売上手なんで。

で、「悪名は無名に勝《まさ》る」っていう哲学《てつがく》を持ってるからさ。「タダで『ニューヨーク・タイムズ』の一面に載《の》せてもらえば、四百万円（四万ドル）ぐらいには相当する」だとかさ、若いころから言ってたと思うから。

だから、テレビにも出てたよね。テレビでも司会をやってたり、あと、映画なんかにも……、何だっけな。「ホーム・アローン2《ツー》」（一九九二年公開／20世紀フォックス）とか出てたよな。あんなのにも出てたと思うから。

なかなか、いやあ、素人《しろうと》のようなふりをして、素人じゃないからね。ああいう人は、ちょっと手強《てごわ》いわな。

綾織　うーん。

竹村健一　素人のふりをしてるけど、素人じゃないので。映像とか、テレビも映画も、それから活字も、どういうふうな反響《はんきょう》があるか、十分知り抜《ぬ》いてやってるところがあるんで。それで大統領になったところもあるから。

尖《とが》った極端《きょくたん》な発言で、お金を使わずに広告する

竹村健一　あれでビジネスマンだから、できるだけ金を使わずに広告しようと考えてるからさ。できるだけ尖《とが》った、極端《きょくたん》なことを言って、叩《たた》かせて、虚像《きょぞう》を膨《ふく》らませて、そして、自分から言い返すことによって自分のパンチ力を大きくして。

それに、今、さらに国外のほうまで敵を引きずり出して。だから、北朝鮮《きたちょうせん》だとかイランだとかに、「攻撃《こうげき》するぞ」と見せたり、「対話しようじゃないか」と言ったりしてる。全部、次の大統領選のＰＲをやってるようなところが、半分はあるからね。

だから、〝西部のガンマン〟みたいなのを、自分でやって見せてるんで。みんなが関心を持ちそうな感じの、「おっ、やるか？　やるか、やらないか」みたいなところを見せて、見せ場をつくって、視聴率《しちょうりつ》を上げる術を持ってるからさ。

綾織　なるほど。

竹村健一　まあ、ああいう人のそれは、一つの特技やからね。みんながまねはできないだろうと思うんだ。普通《ふつう》の人は、ちょっと一発やり込められただけで終わりやろ。
だから、何か最近、●北方領土をな、「戦争をしてでも取り返したいですか」って言うただけで、いきなり、「国会議員を辞《や》めろ」とか言うて、みんな、ほとんどの政党から、あれは……。まあ、所属政党の維新《いしん》（日本維新の会）からは除名されてるし、ほかからも「辞めろ」っていう決議をされて、辞めてはいないらしいけど。
まあ、あのくらいは、トランプさんやったら、蚊《か》を一匹潰《ぴきつぶ》すぐらいのもんやろうね。もっともっと、もっと激しいことを言って、前言を、もう事実上、消してしまうやろね。

「対イランは、半分、ショー。すべて信じてはいけない」

綾織　逆に、「トランプ大統領の陥《おちい》りやすい〝落とし穴〟はここではないか」と

●北方領土を……　2019年5月、北方領土への訪問団に参加していた丸山穂《まるやまほ》高《だか》衆議院議員が、「戦争による北方領土奪還《だっかん》」に言及したことなどが問題となり、日本維新の会を除名された。さらに、6月6日、同氏への糾弾《きゅうだん》決議が衆議院で可決された。同氏は、議員辞職はしないとしている。

感じられるようなところは、何かありますか。

今のところは、対中国でも、いちおう、うまく前には進んでいますけれども、イランのところは、やや危《あや》うさが出てきていると言われています。

竹村健一　いや、あれは、もう半分、ショーだからね。

綾織　あっ、ショーとしてやっている？

竹村健一　だから、全部、信じちゃいけないところがある。半分、ショーなんで。

綾織　なるほど。では、本気でやるように見せながらも、実は、ショーがずっと続いているようなかたちなんですね？

竹村健一　うーん。だって、イランに対して好感を持ってないアメリカ人って、おそらくは、低く見て八十パーセント。高く見りゃ九十パーセントは、イランに対して好感を持ってないよ。

だから、イランを攻撃してると、支持率が上がるんだよ、少なくとも。

綾織　うーん。なるほど。

竹村健一　口で攻撃しても、あるいは、軍事で攻撃するふりをしても、それだけでも支持率が上がる。それを知ってるのでね。それは、共和党側だけじゃなくて、民主党側の支持率も上がるのよ。

それを知ってるから、ときどき、緊張《きんちょう》状態をつくり出すようなことを、自分でもやるわな。

「アメリカは、アジアのほうには疎《うと》い」

竹村健一　北朝鮮なんかに対してもそういうところはあるけど、意外にアメリカは、北朝鮮のほう、アジアのほうには、ちょっと疎《うと》いところもあってね。「中国や日本がいるんだから、どうにかすりゃいいじゃないか」みたいに思ってるところがあるんでね。

まあ、そのへんは計算があるから、ちょっとフィルターをかけて見なきゃいかんところはあるわね。あの人、「役者」でもあるんだよ。ある意味で役者やからな。

「小技《こわざ》」は見破れるが、「大技」は見えなくなるマスコミの性質

綾織　日本からすると、北朝鮮や中国の部分を、ショーとして、あるいは、役者的にやられると非常に困るんですけれども、そうした〝米中戦争〟のところは、どのように見られているんでしょうか。

竹村健一　うーん……。まあ、過激に見せるところは、過激には見せてるよなあ。だから、中国にも、「二十五パーセント、関税をかけるぞ」って脅《おど》しまくって、「すわ、米中戦争勃発《ぼっぱつ》か！」と、「少なくとも、貿易戦争は勃発か」って言わせて、直前になって、「まあ、十パーセントで、しばらく置いといたろうか」みたいなことをやったり、こう、出したり引いたりする。ねえ？

このへんの揺《ゆ》さぶりをかけて、けっこう、習近平《しゅうきんぺい》も翻弄《ほんろう》されてはいるわね。

だから、「口先一つで動かす」っていうのは、うまいので。マスコミは、〝小さい技《わざ》〟だったら、それを見破って、いろいろ細《こま》かく攻《せ》めてくるのよ。「技が大きすぎると、見えなくなっちゃう」んだよね、あんまり大きいと。ちっちゃいことは、よく分かるんだよね。

綾織　なるほど。

竹村健一　ちっちゃいことは分かるんだけどね。大きくなると分からないのよ(笑)。

6　中国、崩壊《ほうかい》の序曲と未来予測

中国の「政治体制の嘘《うそ》と矛盾《むじゅん》」

綾織　竹村先生は、習近平《しゅうきんぺい》氏が登場したあとの中国については、地上であまり大きな言論活動はできなかったところがあるとは思うのですけれども、どのように見られているのでしょうか。

前回の霊言《れいげん》（『竹村健一・逆転の成功術』〔前掲《ぜんけい》〕）では、過去世《かこぜ》の一つでありますトクヴィルの『旧体制と大革命』という本が、中国の共産党幹部

●トクヴィル（1805 ～ 1859）　フランスの歴史家、政治家、自由主義思想家。1849 年に外相に就任したが、ルイ・ナポレオンのクーデターに反対して逮捕されたことをきっかけに政界を引退し、歴史研究に専念した。主著に『アメリカのデモクラシー』等がある。

のなかでも読まれていて、「本当にフランス革命のような革命が起こるのではないか。それを防ぐには、どうすればよいのか」という関心が高まっているというようなお話もありました。

そうした、非常に揺《ゆ》れる中国については、どのように見られていますか。

竹村健一　わしも八十歳《さい》で引退してるからさ、あんまりアップ・トゥ・デイト（最新）のことを言う自信はないんだけどね。

だけど、十年前に君たちのところも、何か、政党（幸福実現党）とか立ち上げてさ、政治にもオピニオン（意見）をだいぶ出すようになったから。まあ、大川さんがオピニオンを出し始めたら、「わしらロートルは、もういいかな」と、「もう、交代かな」と思ったんで。

綾織　あっ、なるほど。

竹村健一　「もう、いいかな」と思う。（大川総裁が）たいていのことは言うだろう？　わしらが思うようなことは、たいてい発信されるはずやから、「まあ、ええかな」と思うて、お任せはしてたんやけどね。

そりゃあ、中国にはさ、嘘《うそ》があるよな。「マルクス・レーニン主義」みたいなのを表看板にしてるけど、貧富の差は世界一や、中国がな。これは、あってはならんことでしょう？

綾織　はい。

竹村健一　だから、「共産主義」っていうのは、基本的には、資本家階級がしこたま稼《かせ》いでね。貧しい人たちを働かせて搾取《さくしゅ》して、しこたま稼いでるやつ、その上に溜《た》まってるやつを取って、ばら撒《ま》いて平等にしようっていうの。基本の発想はこうじゃない？

なのに、「共産主義」を表に掲《かか》げててさあ、「そこで貧富の差がいちばん激しい」っていうのはおかしいよ。ああやって、実際は資本主義になってるけど、外側だけ共産主義になってる。

だから、逆に言うと、宗教なんかが弾圧《だんあつ》されて、きつい目に遭《あ》ったよね。「宗教はアヘンだ」っていうようなマルクスの言葉も遺《のこ》ってるからさ、宗教は弾圧されてる。

社会主義の「旨《うま》み」を知り、「強み」を使っている中国

竹村健一　それに、「社会主義的な一元管理の旨《うま》み」っていうのを、よく知って

るからさ、日本の普天間《ふてんま》や辺野古《へのこ》みたいな（米軍基地反対の）運動に、何か、安《あ》倍《べ》さんが手を焼いてるのを見てさ、せせら笑ってるわけよ。

社会主義国家においては、こんなことはありえないわけで。そんな騒《さわ》いでる人たちは、ある日、突然《とつぜん》いなくなるだけのことだからね。「政府が思ったことは、すぐ実現する。どんな工業団地だって建つ。必ずできる」っていう。これが社会主義の強いところだからね。その強みは、ちゃんと使ってる。

だから、「デモ、暴動等の鎮圧《ちんあつ》」、それから「宗教の弾圧」。とにかく、「人が集まって、ワーワー言って、政府の指針と違《ちが》う方向に動くやつを、しらみ潰《つぶ》しに潰していく」っていう流れだったんだろうけどね。

ただ、香港《ホンコン》とウイグルあたりが、〝蓋《ふた》が開《あ》いてきた〟からさ。まあ、君らも頑《がん》張《ば》ってはいると思うけど、これで（中国は）ちょっと、尻尾《しっぽ》をつかまれた感じかな。都合《つごう》が悪くなってくると、そちらのほうを引っ張り出してきて言われるからさ。

中国の「衰退《すいたい》の兆候」、ここを見よ

竹村健一　で、「ウイグル問題」とかになったら、もう産経とかも、けっこう厳しくは言ってたけど、朝日や東京新聞みたいなんでも、「ウイグル問題」とか「人権問題」とかになったら、やっぱり追及《ついきゅう》し始めるから。だから、右も左もなくなって、日本のマスコミも両方、言い始めるよな。まあ、そういうこともある。だから、「いつまでもは、もたない」とは思うよ。「いつまでも、もつ」とは思わないし、経済的には失速してきてるんじゃないかなあ、たぶんね。してると思うので。

今、お金がなくなってきてるから。「一帯一路《いったいいちろ》」とかで、アラビア地方からヨーロッパまでね、（陸と海に）「シルクロード」を敷《し》こうとして、金を貸し付けて

●**一帯一路**　中国の習近平国家主席が推進する「陸のシルクロード（一帯）」と「21世紀海上シルクロード（一路）」の２つの経済・外交圏構想。関係国に道路や鉄道、港湾、通信網などのインフラ整備を行うという名目で、途上国等を中華圏傘下に組み込もうとする覇権的手法に批判が噴出している。

は、中国の投資で港湾《こうわん》をつくったり、いろんなインフラをつくったりしてるけど。これ、国が金を出すけど、地方のほうの財政がね、今、逼迫《ひっぱく》してきて、金がなくなってきてるので。物をつくっても代金が払《はら》えなくなってきてるみたいだから。

すでに始まっている「バブル崩壊《ほうかい》」、今後はどう波及《はきゅう》する?

竹村健一　これは、彼らとしては、大規模なバブル崩壊《ほうかい》を、今もう、すでに経験しつつあるっていうか、現在進行形じゃないかな。

実際は、「北京《ペキン》オリンピック」(二〇〇八年)に「上海万博《シャンハイばんぱく》」(二〇一〇年)のあと、もう、バブルの崩壊は始まってはいるんだけども、一生懸命《いっしょうけんめい》、隠《かく》していた。隠してたんだけど、とうとう隠せなくなってきてるような感じかな? まず今、地方財政から破綻《はたん》してきているから、地方で「デモ」や「暴動」がすごく増えてくるわな。

だから、「香港のデモ」が潰せなかったあたりで、ほかのところのデモとかも隠せなくなる可能性があるわな。これを、「AI」や「監視《かんし》カメラ」と「警察官」で押《お》さえ込《こ》めるかどうかっていうことは……。まあ、あの大きな人口を、そういう機械を使って押さえ込んどったけど、敗れるときには、もはや敗れるだろうな。共産主義において「貧富の差が大きい」っていうのは、基本的には、これは、知られた時点で崩壊するわな。

中国の現政権が倒《たお》れたあとに来るものとは

竹村健一　だから、崩壊した場合、どうなるかっていうことですが、現政権は倒《たお》れるはずだわな。次に来るものは、「自由主義、資本主義系の政体が起きる」か、「国内が分裂《ぶんれつ》して、いろんな勢力が戦い合う」ような感じになるか、どっちかだわな。

で、いちばん恐《おそ》れているのは、「宗教を中心にした革命勢力」。これが、やっぱり、一糸《いっし》乱れず戦ってくるから、いちばん怖《こわ》いものだろうとは思うけどね。

綾織　うーん。

トランプ氏の対北朝鮮《きたちょうせん》外交が「焦《あせ》っていない」理由

竹村健一　（質問者の吉川に）お嬢《じょう》さん。

吉川　はい（笑）。

竹村健一　僕《ぼく》から見りゃあ、お嬢さん。

吉川　ありがとうございます（笑）。

竹村健一　セクハラはなしに……、あの、言ってもいいことにしよう！

吉川　（笑）はい。

竹村健一　なあ！　酒は入ってないけど、入った気分で行こうよ。
　この世もねえ、なかなか懐《なつ》かしいもんだよ、もう（死後）四日でも。何か懐かしい感じだ。ああ、懐かしいなあ。
　いやあ、最後はちょっと、体が悪くて、あんまり遊びに行けなかったからさ。もうちょっとね、「先生、先生」と寄ってくる女性が侍《はべ》ってるところで遊んでみたかったなあ。イスラム教（で説いている）みたいな天国があれば、ええのになあ。あるかな。

ああ、いやあ、ごめんなさい。

吉川 （笑）いえ、ありがとうございます。

「今、中国のバブル崩壊が進行中だ」ということでしたが、それが崩壊したときに、北朝鮮《きたちょうせん》はどのようになるのでしょうか。

竹村健一 そんなもの、あるわけないじゃない。そんなもの、あるわけないよ。〝マンモス〟が倒れたらさ、〝ネズミ〟は下敷きになるよ。そりゃあ、あるわけないよ。

だから、トランプさんは、北朝鮮のことは焦《あせ》ってないように見えるだろう？中国が倒れるのを待ってるからさ。あれ、倒すつもりでいるから、今。〝マンモス〟が倒れたら、〝ネズミ〟なんていうのは逃《に》げようがないわね（笑）。だから、中国が倒れたら、北朝鮮なんか、もう存在できないから。

そういう意味で、今、急に焦ってないように見えるだろう？　焦ってないように見えるのは、本当は、北朝鮮を潰してから……。まあ、中国の「万里《ばんり》の長城《ちょうじょう》の一部」みたいな、この〝外壁《がいへき》〟を取り壊《こわ》して、中国の味方を減らしてね、それで〝本体〟を攻《せ》めるつもりでいたのに、中国を揺さぶってみたら、「意外に弱い」と見た。

「揺さぶってみりゃ、これ、意外に弱いな」と見たんで、じゃあ、「〝本体攻撃《こうげき》〟に行くか」っていうことで、中国を今、まずは、貿易の関税とかを上げたり下げたりして、ちょっと揺さぶってみたり、あとは、軍隊を海の上に走らせたりなあ、いろんなことで、ちょっと揺さぶってみたりして、〝弄《もてあそ》んでる〟状態やね。

だから、北朝鮮なんか、そりゃあ、アメリカの千分の一も経済力のないところなんだよ。そんなもの、戦争したら、「もう一週間と、もちはしない」のは分かってる。いつでも殺せる〝ネズミ〟なのよ、もう本当に。

だから、何て言うかな、（金正恩《キムジョンウン》と会談を続けることで）金正恩を弄んで、「中国とだって、戦争する前には、まだまだ交渉《こうしょう》とか対談とかできるんですよ」っていうようなところを見せてるわけよ。そりゃあ、北朝鮮とでもやるぐらいなんだから、「中国とだったら、戦争になる前に、いくらでも、まだまだ話し合いはできるんですよ」っていうところをお見せしてるのね、あれは。

綾織　うーん。

竹村健一　そういうことなのよ。「核《かく》兵器では護《まも》れませんよ」っていうことを、お見せしてるんだよな。そういうことだと思うな。

台湾《たいわん》への武器輸出とトランプ氏の性格から予測する「中国解体」

綾織　そのように、「中国を倒す」というところまで考えたときに、今、トランプ大統領は、貿易戦争で、中国がアメリカで稼げないような状態をつくり出そうとしているわけですけれども、そこから先の近いところに、本当に、「中国共産党政権が倒れるプロセス」というのはあるものなのでしょうか。

竹村健一　ああ、「(トランプ氏はそう)思ってる」と思います。たぶん、大川さんが考えてるのと、ほぼ一緒《いっしょ》のことを考えてると思います。
だから、(トランプ政権は)台湾に武器を大規模に売っとるでしょう?

綾織　はい。

竹村健一　そんなの、あれ、初めてやな。アメリカの大統領で、あそこまで大規模に、大胆《だいたん》にバーンッと売ったのは初めてでしょう。

次は、香港の運動も支援《しえん》し始めると思う。これが中国南部に広がっていくし、暴動とかがいっぱい起きるから、これを（トランプ政権は）護るようになってくると思うので。まあ、転覆《てんぷく》を狙《ねら》ってると思いますね、政治制度の。で、「議会制民主主義に持ってこさせる」っていうか、「マルクス主義の看板を下ろさせる」ところまでは、もう視野に入っていると思います。

それまで、ちょっと、独特のビジネスマン的な交渉術で揺さぶる。横にも縦にも揺さぶるけど、中国の強さは、どの程度か、もうだいたいつかんだね。簡単につかんでしまった。核兵器を何百発か持ってるかもしれないけど、アメリカと本格的に戦って勝てるわけがない。

約八十年前に日米は「空母」で機動部隊決戦を行《おこな》っていた

竹村健一　で、中国に国産空母が二つできて、日本だって護衛艦《ごえいかん》二隻《せき》を空母にしちゃったでしょ。

今から七、八十年前に、太平洋をまたいで、アメリカと日本は、空母を中心とした機動部隊決戦で何回も戦ってるんだからさ。今やっと、国産の空母が二隻できたぐらいの国、そんなの相手にはならないのは、もう、よく知ってるのよ。もう、戦えば簡単にやれるのは、よく分かってるんで。

だから、どういうふうにドラマティックに、あるいは、人間として人格ができてるように多少は見えるようにしながら、揺さぶって追い込んでいくかっていうところに、彼のテクニックをご披露《ひろう》しようとしているんだと思う。

後半の第二期大統領に入ったら、「本格的に中国解体に入る」と思います。だ

●護衛艦二隻を……　2018年に閣議決定された新防衛大綱《たいこう》で、海上自衛隊のヘリコプター搭載《とうさい》護衛艦「いずも」と「かが」は、最新鋭ステルス戦闘機F35Bを艦載機《かんさいき》として運用できるよう改修し、事実上の空母化することが決定している。

から、これは、あなたがたにとってはいいこと、日本にとってもいいことだと思うよ。

革命後の中国、「議会制民主主義」は成立するのか？

綾織　過去世の一つとして、トクヴィル様がいらっしゃるわけですけれども。

竹村健一　らしいね。

綾織　（笑）トクヴィル様は、『アメリカのデモクラシー』という本を出されましたけれども、「中国における民主主義、議会制民主主義というのは、可能ではない」と言う人もいれば、「それは、試行錯誤《しこうさくご》しながらもできるんだ」という見方もあります。

このあたりは、どのようにご覧になっていますでしょうか。

竹村健一　いや、可能でしょうよ。

だから、台湾がもうできてるし、香港もできてる。モデルがまったくなきゃ、ちょっと無理だけど、モデルがあるから。

香港の人（若者）の七十五パーセントは、「われわれは中国人じゃなくて香港人だ」と言ってるわけだから、「香港独立」ということだってあるわけですよ。焚《た》きつけてもいいんだよ、君たちも。「香港独立」って言ったら、（北京政府は）また軍隊を送って制圧したくなるだろうけど、そうしたら、（アメリカは）また第七艦隊を並べられるチャンスだよな。ダーッと沖《おき》になあ。香港人を皆殺《みなごろ》しにするんやったら、攻撃の〝言い訳〟になるわな。

●香港の人（若者）……　2019年6月の大規模デモ直後、香港大学「民意研究計画」が18歳以上の市民約1000人に行った調査によると、自《みずか》らの帰属を「香港人」と答えた10～20代の若者は75％に上《のぼ》り、香港返還以来の最高値を記録。一方、「中国人」と答えた若者は2.7％と、最低値となった。

綾織　中国は、十四億人全体の民主主義国家になるというよりも、幾《いく》つかの単位に分かれていくような感じになるのでしょうか。

竹村健一　まあ、勢力は削《そ》いでいきながら、やらなきゃいけないから。「ウイグル、チベット、内モンゴル等の独立による分解」と、「台湾・香港型の政治を行き渡《わた》らせる」のと、この両方を同時にやらなきゃいけないし。

実際、中国共産党員は八千万人か九千万人いると思うけど、八割程度は、内心は「このままではまずい」と思っている。「もし政体が変わるなら、変わってもいい」と思ってるのが、だいたい八割ぐらいいることは分かっているので。頑固なのは、二割程度なので。

その頑固な二割程度は、たぶん既得権益《きとくけんえき》をだいぶ持ってる人たちで、賢《かしこ》いから、海外に資産を逃《のが》したり、家族の一員をどこか、オーストラリアやアメリカやカナダや、その他の国にやって、家族、親族の誰《だれ》かを介《かい》して、お金をそちらのほうにプールしたりしてるのが、いっぱいいる。

でも、アメリカのやり方を見たら分かると思うけども、「この資産を凍結《とうけつ》してしまう」という手があるから。せっかく稼いだ金、海外に逃《に》がした金が凍結されて取り上げられる。こちらが〝共産主義〟だわな。金持ちの金を全部巻き上げるっちゅうんだから。ねえ？

「中国で革命が起きたら、悲惨《ひさん》な人たちを助けるための資金に、全部それを変える」と言われたら、〝アメリカ共産主義〟を実践《じっせん》してくれるかたちになるけど、現実上そうなるわな。

いちばん貧富の差が大きいのは、たぶん中国だし、二番目はたぶんインドだろうと思う。アメリカは三番目ぐらいになるんだと思うんだけどね。

だから、これからね、「違った世界」が出るよ。日本の政党でも、親中派の政党は、もう数年で一気に崩《くず》れるから、〝面白《おもしろ》い景色〟を見ることができるよ。ナイアガラの滝《たき》みたいに、ダダーッと崩れる。

そして、宗教で言やあ、「創価学会《そうかがっかい》がいちばん大きくて強い」とか言ってるのが、「あれ？　創価学会はどこへ行っちゃったの？」みたいな感じになるよ。「あれ？　昔から幸福の科学がナンバーワンじゃなかったっけ？」っていうような感じに、たぶんなる。うん。

7　倒《たお》れるメディア、次に来るメディア

新聞・テレビ・既成《きせい》ネットメディアの崩壊《ほうかい》理由と未来予測

吉川　大川総裁は、「現在、自民党政権の下《もと》で、日本は国家社会主義になってきている」と指摘《してき》されていますが、竹村先生からご覧になって、日本の民主主義は何点ぐらいでしょうか。

竹村健一　うーん、それは、わしがテレビに出てるときは、〝九十点〟ぐらいあったんじゃないかな。わしが出とらんから、今、ちょっと下がってはおるんじゃないかな。

立派な評論家や、何て言うかな、言論人が育ってるんだろうけど。まあ、わしらが死ねば、次の代が出てはくるんだろうけど。

何点か言えるほどは、もう……。うーん、まあ、言うのは難しいけど。

ちょっとテレビ等はもうかなり古くなったわな。メディアとしては、しきたり、慣習みたいなのにとらわれて、古くなってきたわね。

わしらのころは、最初はラジオのほうが優勢で、東京オリンピックのころからテレビが急に増え始めて、その東京オリンピック以降の流れに乗って、私なんかは〝電波怪獣《かいじゅう》〟で出てきたわけだけど。

そのテレビも、もう官僚《かんりょう》化してるわけよね。そのころに入った人たちがみんな偉《えら》いさんになって、固まってて。だから、新しいのが分からなくて、いじれなくなってる。

新聞も、とっくにそうなってるから。新聞、テレビ等も危ないと思いますよ。

で、今、代替《だいたい》するものが、いろいろツールとして出とるんだろうと思うんだが。インターネット、ケータイ、スマホ、その他いっぱいか。まあ、YouTube《ユーチューブ》なんか、私にはちょっと分からない時代にはなってるけど、でも、メジャーにはならないと思うよ、こういうものは。

こういうものはメジャーにならない。個人で発信してて、素人《しろうと》でもできるものですから、とりあえず面白《おもしろ》くていろんな人がやるけど、メジャーにはならなくて。やがて、今の既成《きせい》のテレビや新聞等を壊《こわ》す力はある。これを壊す力になるけど、壊したところあたりで使命が終わってくるから。そこでまた、ちょっと変わったかたちのメディアが大を成してくると思います。

情報というのは、やっぱり「質」が大事ですので、量だけありゃいいっちゅうもんではないんですよ。人が持ってる一日の時間は限られてるから。だから、必ず質の問題が出てくるので。時間を奪《うば》われるからね。

だから、YouTuber《ユーチューバー》だとか、そんな個人の意見なんか、いちいち見ていられないので、もうちょっと大事なことだけ要点を絞《しぼ》って伝えてほしいし、解説するんだったら、見識のある人の解説が聞きたいわな。そんなの当たり前のことや。だから、マックス・ウェーバーが言うように、どんどん学問が精緻《せいち》化して細《こま》かくなって専門分化して、全体が見える学者がいなくなって。その部分を埋《う》めるために、評論家というのが出てきて、学際的な活動をして、いろいろなことを言うようになってきた。

で、この大川隆法さんとかは、その「評論家」に、さらに「宗教家」を足してる部分もあるからさ。いろんなことについて意見が言えるというのは、非常にユニークで珍《めずら》しい活動だけど。

これと、自分の意見だけをただただ言ってる、狭《せま》い範囲《はんい》で言ってるYouTuber型の人たちが、たくさん、ごまんといるけどさ、これは潰《つぶ》れる〝個人商店〟なんで。潰れていくんですよ。

で、今の新聞、テレビが経営危機になって崩壊《ほうかい》したあと、脱皮《だっぴ》して、また新しいメディアが出てくる。でも、それはやっぱり一定のシェアと質を担保《たんぽ》するもんでなきゃいけない。

みんな時間が惜《お》しいからね。やっぱり、一定のプロの目を通した選別は、情報にかけてほしいのよ。それから、解説できる人にやってほしいわけよ。

だから、今、日本人全員が情報発信できるような、〝自分の日記〟を読んでもらってるような状況《じょうきょう》になってると思うけど、次、くだらなくなってくる。そんな〝交換《こうかん》日記〟はどうでもよくなってくるんで。

やっぱり、ある程度、幅広《はばひろ》い見識を持ってる人の解説や解釈《かいしゃく》を聞きたくなってくるから、もう一度、「プロフェッショナルの時代」に必ず帰る。

そして、プロフェッショナルは、必ず〝電波怪獣〟が活躍《かつやく》する前の時代に戻《もど》るから、良質の本を読み続けてる人のなかから、プロフェッショナルは出てくる。確実に出てくる。うん。

池上彰《いけがみあきら》氏と佐藤優《さとうまさる》氏には何が足りないか

綾織　そういうプロフェッショナルの人たちが発信しているものを整理してというか、タイムリーに提供するようなメディアが成長するかたちになるのでしょうか。

竹村健一　かたちはまた、ちょっと〝戦国時代〟が起きるから、いろいろあるけど。まあ、今みたいな「何百万部」とかですね、「視聴者数《しちょうしゃすう》を一局で一千万、二千万取るのが当たり前」みたいなのは、一億ちょっとの日本の人口から見りゃ、大きすぎるわね。だから、もうちょっと小さくなる可能性はあると思う。

アメリカでも、百万を超《こ》えるものはほとんどないので。良質のものだったら、二十万ぐらいとか、せいぜい八十万、九十万ぐらいのものになるので。

まあ、規模的には、そこまで大きくはもう戻らないかもしれない。でも、何十万から百万ぐらいのもので、傾向性《けいこう》がはっきりしたものが幾《いく》つか生き残るかたちになるけど、〝個人商店〟はやっぱり一回潰れると思います。

だから、メーカーは〝個人商店〟をつくるために、いっぱい機械を売り込《こ》んでるんだよ。いっぱい売り込んでるけど、これからコンピュータ系のメーカーはいっぱい潰れていくと思います。また要《い》らなくなってくるので。やっぱり、時間が増えない。どうしても増えないので、「選別をかけなきゃいけない」と思いますね。

大川隆法先生は、そのへんのことをよく知ってるよ。逆に「知の統合」をするのは、今とても難しいので、それができる人は希少価値であるんだよ。

だから、何とか競争しようとしてさ、池上彰《いけがみあきら》さんとか、佐藤優《さとうまさる》さんとかが、一生懸命《いっしょうけんめい》奮起して、月刊雑誌に書いたり、本をいっぱい出したりしてるんだけど、まあ、私が見て、勝ち目はないね。ほぼ勝ち目がない。

やっぱり、認識力のレベルに差があるから。あちらは情報をかき集めてるだけで、結局、うーん……、逆に言えば、インターネット系の雑情報をかき集めて、整理整頓《せいりせいとん》してるだけに見えるわな。だから、本格的な勉強をやってる人が、やっぱり強いことは強い。

今、トクヴィルって名前が出たけど、まあ、霊的《れいてき》にすぐ検索《けんさく》ができるから分かるんだけど、今年の講演会で何か出たね、幕張《まくはり》メッセか何かで出たのね？

綾織　「自由・民主・信仰《しんこう》の世界」ですね。

竹村健一　で、トクヴィルのを出した。

宗教の講演会で、「アレクシ・ド・トクヴィルがアメリカへ行って、その見聞

●「自由・民主・信仰の世界」　2019年5月14日、千葉県・幕張メッセで、「自由・民主・信仰の世界」と題して講演を行った。『自由・民主・信仰の世界』（幸福の科学出版刊）参照。

録のなかで、『もしデモクラシーが（唯物論《ゆいぶつろん》か、宗教か）二つのどちらかをどうしても選ばなければならないとすれば、私はためらわず、霊魂《れいこん》の存在を信じないよりは死後の魂《たましい》は豚《ぶた》の身体に宿ると思った方が市民を少しは自省させる可能性があると判断するであろう』と言っている」と。こんなような一節を大講演会で引用できるような人がいるっていうのはね、メディアのほうから見たら、恐《おそ》るべきことなんですよ。

古典なんか読む暇《ひま》はないわけよ。雑情報の山で、みんな、あっぷあっぷ言って、もう埋まってるんだよ。古典をスラッと出されるとね、勝てないね。

そういう感じだから、意外に、本格的な勉強をきっちりした上で、大量の情報を見事な、何て言うか、包丁《ほうちょう》さばきでサササササッと短時間でさばいていける。両方ができなきゃいけない。そのような人が生き残る。

だから、情報のコントローラーは、数は少なくなる。

●もしデモクラシーが……　トクヴィル著『アメリカのデモクラシー第二巻（上）』（岩波文庫）第2部第15章「宗教的信仰はどのようにしてアメリカ人の魂を時々精神的な悦《よろこ》びに向かわせるか」から引用。

「広く」だけでなく、「未来が遠くまで」見える大川隆法

竹村健一　私は、一九九二年だったかな、『ＳＡシンボル・アナリストの時代』（祥伝社刊）っていうのを書いたことがあるんだけどね。

「アメリカには、シンボルを操《あやつ》って情報操作をする人がいっぱいいるんだけど、日本にも出てきた。大川隆法さんがそうだ。シンボル・アナリストだ。彼は、日本の世論《せろん》や空気を、シンボルを上手に操りながら、ちゃんと誘導《ゆうどう》している。いい方向に誘導していて、未来はかなり開けるだろう」というような感じのことを、私は（その本のなかで）言っているんだけどね。

（大川総裁は）そこまで見える人。「広く」見えるだけでなくて、「遠くまで」見えるから、これが大きいのよ。

今さっき言ったような話だって、「中国がどうなるか」とか、マスコミはみんな

訊《き》きたいけど、全然分かんない。ねえ？　「イランがどうなるか」知りたい。「トランプさん、どんな人だろう」。本当のことは、近づけないから全然分からない。トランプさんはさあ、ストリッパーだか何だか知らんけど、女性のスキャンダルがあったんだろう？　何か出たんじゃなかったっけ。だろう？　前に商売女とちょっと遊んだとかいうのがあった。

クリントンだったら、けっこうなダメージで、ええ。ビル・クリントンだったら、奥《おく》さんにガンガンに頭を殴《なぐ》られて、監禁《かんきん》されて、施錠《せじょう》されて、動けなくなって、「すみませんでした。もう許してください。妻を通じて釈明会見を……」って言うところだけど、トランプぐらいになってきたら、平気だよな。

離婚《りこん》するにしたって、何百億も払《はら》ってくれるからね、あんな人は。だから、女なんか、いくらでも平気だと思っとるんだろうから、全然怖《こわ》くも何ともない。だから、クリントンよりはるかに強いわな。

●ストリッパーだか……　2018年1月、元ポルノ女優のステファニー・クリフォード氏が、2006年から数カ月間にわたりトランプ氏と不倫関係にあったことを暴露した。

まあ、一定の破壊力は示して、世界のオーダー（秩序《ちつじょ》）をいったん潰しにかかってるけど、再構築しようとするんじゃないかな。（トランプ大統領の）次にいい人が出てくるといいけど。

でも、トランプさんがやってる間に、日本が変わってくると思う。うんうん。きっと君たち、今、政党（幸福実現党）はね、たぶんあと一週間かそこらで（参院選で）、もう瀕死《ひんし》の重体みたいな感じになるだろうと思うけどさ。今はそうだよ。今はね。

ただ、「親中派」とか、「憲法完全擁護《ようご》で、憲法は一字一句変えてはならない」とか、「憲法九条（改正）反対」とか、あるいは「原子力発電、絶対反対」とかやってる連中が野党を組んでるし、公明党なんかも、与党《よとう》に入ってるわりには、けっこうそちらと一緒《いっしょ》で親中派だよな。はっきり言ってね。

これ、みんな〝引っ繰《く》り返ってくる〟からさ、ドドドドッと。あとは、君らねえ、関ヶ原《せきがはら》で戦うような爽快《そうかい》な気分を味わえると思うよ。ほんとに。広々としたところで戦《いくさ》ができるようになるから、もうちょっと頑張《がんば》ったらええよ。うん。

間違《まちが》っていたことを応援《おうえん》していたものは、もうすぐ〝死に絶える〟

吉川　それは、世論《よろん》が変わってくるということですか。

竹村健一　だって、間違《まちが》ってたことを応援《おうえん》してたものは、それははっきりするわ。民主党だって（政権を）三年ぐらいやって、最初はものすごく強かったよね。「自民党政治が終わった！　ワーッ！」ってやっていたのから、（下野《げや》まで）三年だよ。鳩山《はとやま》（由紀夫《ゆきお》）さん、〝宇宙人〟になってからあと、もはや出番はないしさあ。菅直人《かんなおと》ももう出番はないし、駅前の野田《のだ》（佳彦《よしひこ》）はどうなったんか知らんけどさ。もうネバー・カムバックで、「もう二度と御免《ごめん》」って、みんなそうじゃない。これだけ激しく変わるんだから。

彼らが言ってたことが正しければ、手を替《か》え品を替え出てくるだろうけど、もはや帰ってこない。

だから、同じことが起きて、今の親中派と、それから、「軍事」と言っただけで、もうアレルギーを起こして「駄目《だめ》」と言ってる人たち……。あるいは、「宗教は、戦後ほとんど事実上禁止されているので、宗教はもうアヘンだ。特に新宗教はアヘンが多くて、宗教は政治に手を出すべきじゃないし、経済にものを言ってもいけないし、そもそも宗教を信じてる人は人類じゃない」と思ってるのが、日本は、けっこういっぱいいるのよ。マスコミにもいっぱいいる。教育者にもいっぱいいる。官僚にもいっぱいいる。政治家にも、まあ、いる。

で、こういう人がね、みんな、もうすぐダーッと〝死に絶えて〟くるから。雪が降り始めたときのマンモスみたいなもんだわ。うん。

8　竹村氏はどのような霊界《れいかい》に還《かえ》る？

「この世とバイバイするために、肉体への執着《しゅうちゃく》を断《た》たないかん」

武田　冒頭《ぼうとう》、大川総裁からお話があったように、明日《あした》、大川総裁は「幸福への論点」というテーマで講演会をする予定でして、竹村先生にも……。

竹村健一　わしを指導霊《しどうれい》にしたらええ。「死後五日の指導霊」っていうのは、初じゃないか？

武田　なるほど。指導霊のお話は、また別途《べっと》させていただきまして……。

竹村健一　「だいたいやねえ」って言いながら、何かしゃべったら、「おかしいなあ。大川さん、ちょっとおかしいな。取り憑《つ》かれとるんと違《ちが》うか」って、みんな言い始めるかも。そうしたら、死後の証明ができるじゃない。「取り憑かれたんだ、これは」って。

武田　（笑）まあ、今、証明していただいているところもありますので。

竹村健一　これ言う人、ほかにいないじゃん。「『だいたいやねえ』って言いながら、いつも話をする。これはおかしい。絶対おかしい。取り憑いた」っちゅう。まあ、因果《いんが》関係から、みんな分かるよね。絶対に出るはずやから。

で、本が出たら、「やっぱりそうやった。死後はあったんや。百パーセントあった」っていう。

武田　証明ですね。

竹村健一　まあ、君たちの勝ちや。

武田　そうですね。

竹村健一　うん。

（講演会の指導霊を）替《か》わったろか？

武田　大川総裁から冒頭、「竹村先生にも、このテーマで何か意見があれば、訊《き》いてみると面白《おもしろ》いかもしれない」というお話もありましたので。

竹村健一　いやあ、人生幸福やったで。だから、もう言うことなしや。みんなねえ、僕《ぼく》みたいに生きなさい。

そうしたら、幸福やで。最後の二年ぐらい病気をしたのが、ちょっとだけ余分ではあるけど。まあ、お釈迦様《しゃかさま》が「生《しょう》・老《ろう》・病《びょう》・死《し》」って言ってるから、病気もちょっとはしないと、人間卒業できないので、ちょっとしかたないな。

だから、不自由な感じを知って、それで、あの世に行ったときに、こう、自由な感じ？　チョウチョで。蛹《さなぎ》になったあと、チョウチョで空を飛べる自由さを味わうっていうところがミソなんやろうから。死んでからあとの幸福感になる。地獄《じごく》に行かない場合の幸福感にはなるんやろうから。

まあ、これについては、最期《さいご》だけ、「ちょっとだけしんどいなあ」とは思うけど、いちおう、この世とバイバイするために、何か、この肉体への執着《しゅうちゃく》を断《た》たないかんのだろうな。

そのために、病気ぐらいは、みんなするんで。老衰《ろうすい》とかな？ あるいは認知症《にんちしょう》とかもあるけど、この世があんまりよくなってこないと、あの世に行けないのでね。

武田 うーん。

竹村健一 だから、君たち、「幸福への論点」……、まあ、論点はどうでもいいけど、幸福になりたかったら、竹村健一のように生きなさい。それが、〝あれ〟や。

武田 「残された未来の私たちへのメッセージ」ですね。

竹村健一　あと、●坂本龍馬《さかもとりょうま》だって、わしに憧《あこが》れとるっていうような話やから。

武田　そうですね。

竹村健一　なあ？　坂本龍馬が現代に生まれ変わったように生きなさい。そうしたら、「竹村健一みたいに生きる」っていうことや。な？

社会の「不健全な部分」を自認している竹村氏

竹村健一　だから、大川隆法先生を見たら、竹村健一みたいに生きるには、まあ、ある程度は勉強して、語学力や知識を使って仕事をして、よう儲《もう》けとるけども、いや、見てて、遊びがちょっと足りんような気がするから。もうちょっと遊ばせ

●坂本龍馬だって……　『大川隆法霊言全集　第11巻』（宗教法人幸福の科学刊）参照。

てやらな、かわいそうな気がする。死んでから、あるいは心残りがあったら、かわいそうやないか。なあ？

武田　うーん。

竹村健一　イスラム教に負けとるぞ、今のままだったらなあ？　だから、もうちょっと、こう、死んでから心残りがないように、な？　幸福の科学も、一部分は、何て言うかな、〝遊びマーケット〟を残しといてやらないといけないんじゃないかな。そんな気はするけどなあ。うーん。

酒飲んだって、ねえ？　地獄堕《お》ちへんしね。

いやあ、ほとんど、（幸福の科学の）職員は飲めない。広報局とメディア局だけが酒を飲めるんだろう？　変な宗教やなあ。一部分だけの……、君、飲めるのね？　ありがたいねえ。ほかの人たちは飲めない。坊《ぼう》さんと尼《あま》さんは飲めないのに、広報局とメディア局は酒が飲めるらしい。ねえ？　それから、異性絡《がら》みも、宗教はけっこう厳しいんだろうと思うけども。

わしもいろいろ接待は受けたけど、今のところ、それで地獄に堕ちるっていう予定はないみたいなんで。

やっぱり、遺《のこ》した業績の大きさに比べれば、そういうものは、もうほんと、（手を三回叩《たた》きながら）〝蚊《か》を一匹《ぴき》殺したようなもの〟なんで。どうってことないのよ。「自分で叩いて（手を一回叩く）殺す」か、「蚊取り線香《せんこう》で落とす」かの違いなんで。だから、将来の〝害虫〟は死んでもらってもしょうがないよね。だからね、〝害虫〟って言ったら、ちょっと女性に絡むとまずいのか、これはいけないな。

とにかく、社会にはですね、やっぱり、一定の不健全な部分もあることはあるんですが、それをもって、またね、一方で聖人君子《せいじんくんし》が出てくる可能性があるわけでね。みんなが、こう、おんなじようになって、押《お》し寿司《ずし》みたいになっちゃったらいけないところも、まあ、あることはあるわけよな？　うーん。だから、彼（綾織）だったらね？　もし、「ザ・リバティ」誌を百万部売ったら、もう、何をしたって許される……（著者注。この部分全体は必ずしも当会の見解と一致《いっち》しているわけではない）。

綾織　いや、それはいろいろあると思いますけど（苦笑）。

竹村健一　フッフッ、ヘヘヘヘヘッ（笑）。

マスコミ人が死後、成仏《じょうぶつ》するには

綾織　今の時点ではちょっと分からないとは思うんですけれども、竹村先生が地獄に行かれないというのは、分かります。

竹村健一　行かない自信、あるよ?

綾織　はい(笑)。

竹村健一　行かないと思ってるよ。うん。

綾織　竹村先生の場合はどういう霊界《れいかい》に行かれるのかというのは、なかなか想像が難しいなと思ってしまったんですけれども。

竹村健一　だから、大川先生のご思想を勉強してみたらええねん。なあ?「霊界のマスコミ人」なんていうのが、いやしない。

綾織　うーん。

竹村健一　なあ？　マスコミには高級霊界が存在しない。ほとんどみんな、「瓦《かわら》版《ばん》」の続きで、「地獄ニュース」と、あと「四次元幽界《ゆうかい》ニュース」ぐらいのところでね。仕事は、ほとんど、ゴシップ中心の仕事をやってるか、それから殺人事件とか、そんなのばっかりやってる。

だいたいこのへんに生息してることは分かっとるわけよ。そのなかから、そんなに偉《えら》い人がめったに出てこないことは分かってるし。

左寄りの言論人はほとんど地獄に堕ちてるのも、だいたい、もう分かっている。で、わしがあの世に還《かえ》ってやねえ、これで初めて、〝マスコミ界の光の大明神《だいみょうじん》〟

●四次元　あの世（霊界）では、各人の信仰心や悟《さと》りの高さに応じて住む世界が分かれている。地球霊界は四次元幽界《ゆうかい》から九次元宇宙界まであり、地獄界は四次元の下部世界の一部に存在している。『永遠の法』（幸福の科学出版刊）等参照。

が出来上がるわけよ。

綾織　そういうことですね（笑）（会場笑）。

竹村健一　ああ。それで、〝竹村塾《じゅく》〟っていうのは、これがこの、霊界のマスコミ界の光の天使の世界が、これからできるんだよ。

綾織　ほお。

竹村健一　今、大黒柱が一本立たないと、無理なわけよ。これからね、マスコミ人でも成仏《じょうぶつ》して、天使や菩薩《ぼさつ》になれる時代が始まるんだ。

綾織　なるほど（笑）。

竹村健一　うーん。今まではなかった。だって、ほとんど二十世紀に始まったようなものだから。新聞は、まあ、十九世紀にもちょっとあったけどさ。ほとんど二十世紀の産物でしょう？　だから、霊界が浅いのよ。浅いので。

綾織　なるほど。

竹村健一　で、この世のゴシップばかり扱《あつか》ってて、唯物《ゆいぶつ》的なことばっかり、いっぱい扱ってるからさ。そんな上まで行けるわけないじゃない？　だから、わしが還って〝大神様《おおがみさま》〟になれば、これから、マスコミの人たちも、やっと光の天使に入《はい》れるわけよ。

綾織　なるほど。ちょっと、お世話にならないといけないわけですね（笑）。

竹村健一　ああ、うん。君が来るころまでには整備しとくよ、ちゃんと。

綾織　ああ、はい。何とか行けるように頑張《がんば》ります（笑）。

竹村健一　もうちょっといいマンションを建てといたるわ。入れるようにな。

綾織　分かりました。ぜひ。はい。

渡部昇一《わたなべしょういち》氏のいる霊界《れいかい》はどんなところ？

武田　それでは、お時間となりましたので……。

竹村健一　ああ、残念やなあ。

武田　最後に、締《し》めは、竹村先生らしく、何かキャッチーなお言葉で締めてくださればありがたいと思います。

竹村健一　僕、彼女（吉川）と話してないんや。

武田　ああっ、そうですか！　では……。

吉川　すみません（苦笑）。

それでは、渡部昇一《わたなべしょういち》先生とはちょっと違う霊界《れいかい》になるんですか。

竹村健一　うーん。渡部昇一先生は、やっぱり、大学の教授やったからな。だから、大学の教授は、「犯罪に手を出さないこと」と、あと、「女子生徒、女子学生に手を出さないこと」の、この二つだけは守らないと、追い出される可能性があったんで、多少、不自由な生活をなされてたところはあると思う。

でも、まあ、彼は彼なりに、そういう、けっこうワンパターンな生活が楽しかったようやけど。

わしらと違うのは、わしらは発信力はあって、大勢に聞いてもらったけど、何て言うか、大川先生とかは組織も持ってるからね？　組織人としての考えも持たないかんわね。

で、渡部昇一先生の何が訊きたかったの？

吉川　あっ、渡部昇一先生とは霊界が少し違うのかということを……。

竹村健一　いや、違うと言やあ違うが、その、マスコミ……、彼もマスコミにはけっこう意見は言ってたけども、どっちかといえば、学者ないしは、宗教、キリスト教や仏教や、そういうものを研究したような人？　昔の修道僧《しゅうどうそう》とか修行僧《しゅぎょうそう》なんかで、仏典《ぶってん》とか、あるいは、キリスト教の何とかの研究をしたような人もいるじゃない、学者風の。ものを書いたりしているような人なんかがいるじゃないね。まあ、そんなような人あたりと仲がいい世界に、たぶんいると思うよ。

私はまだねえ、そら（死後）四日だからさ、そら、どこまでっていうのは、ちょっとそれは分からんところはあるけども。魂《たましい》のきょうだいから見るかぎりやな、まあ、「●竹林《ちくりん》の七賢《しちけん》はほぼ確実」と見てるから。ということで、竹藪《たけやぶ》がいっぱいあって、パンダが群れてるようなところには還れるんじゃないかなって。

武田　なるほど。

竹村健一　天国やな? うーん。地上天国……、いや、あの世天国や。

吉川　(笑)

「三ピン」の一人、堺屋太一《さかいやたいち》氏とはもう霊界《れいかい》で会った?

吉川　竹村健一先生、渡部昇一先生と共に「三ピン」と称《しょう》された評論家の一人で

●竹林の七賢　中国3世紀後半の魏《ぎ》・晋《しん》代、河南《かなん》省の竹林《ちくりん》に集《つど》った7人の隠者《いんじゃ》(阮籍《げんせき》・嵆康《けいこう》・山濤《さんとう》・向秀《しょうしゅう》・劉伶《りゅうれい》・阮咸《げんかん》・王戎《おうじゅう》)。俗世から離れ、酒や琴を嗜《たしな》みつつ清談したという。方外《ほうがい》の士には青眼で、礼法《れいほう》の士には白眼で接したという阮籍は竹村氏の過去世の一つとされる。『黄金の法』(幸福の科学出版刊)参照。

あられる堺屋太一《さかいやたいち》先生とも、そちらの世界でお会いにはなりましたか。

竹村健一　堺屋さんかあ。前に、本、録《と》ったんと違うかなあ。ここでも録っとったなあ。

堺屋さんはなあ、年は私より五歳《さい》ぐらい若い分、悟《さと》りがちょっとだけ、五歳分ぐらい足りないし。まだな、大阪《おおさか》の維新《いしん》（の会）とかさあ、あのへんにちょっと執着があるような感じには見えるので。この世が少し生きやすかったようには思うとるらしいな。

その分、わしなんかは、ほんと、「酒は飲んでも清談」と言って、昔からねえ？　こう、哲人《てつじん》同士で風流を語り合うような、まあ、そういうのもあるからね。ちょっとだけ垢抜《あかぬ》けてる部分はあるからさ。

だから、ちょっとだけは、何か、わしのほうが上に行きそうやな。今んところ。

●本、録った……　『守護霊インタビュー　堺屋太一 異質な目　政治・経済・宗教への考え』『堺屋太一の霊言』（共に幸福の科学出版刊）参照。

情報通信系の上位指導霊《しどうれい》はどのような存在か

綾織　予想にはなりますけれども、竹村先生が、そのようにつくられる霊界《れいかい》の上にいらっしゃって、竹村先生のことをご指導をしてくださりそうな方は、どういう存在なんでしょうか。

竹村健一　まあ、情報通信系となると、いちおう、キリスト教的にはガブリエルということになってはおるんだがな。

武田　なるほど。

竹村健一　まあ、実際は誰《だれ》がやるかは分からんが、日本の過去で江戸《えど》時代以前になりましたら、情報通信系はほぼないので、これはちょっと洋式のものが多いわな。うーん、たぶん、西洋のほうでは、幾《いく》つかいることはいるわな。活字をつくった人、映画をつくった人とか、新聞発行した人とか、本を出した人とか、いろいろいるから、西洋側の人のほうがちょっと数は多いかな。

まあ、私のほうも、たぶん、純日本だけにはならないかもしらんね。外人もいるような霊界？

たぶん、混成の、両方混在するような霊界に行くような気がするな。うん。

左翼《さよく》言論人は、地獄《じごく》行きか地獄にさえ行けていないレベル

綾織　そこには、哲学者もかかわってくるんでしょうか。

竹村健一　哲学者でも、〝ピンボケの哲学者〟は選《よ》り分けて、別のところに放り込《こ》まなきゃいけないけど、わしらみたいに、この世もよくしようとするユートピア運動に参加しとったような、こういう言論人は、ちょっと扱いが違うわけね。

哲学でも、まったく役に立たない哲学があるじゃない？　ね。ものの役に立たない、もう、ほんとに、〝ガラクタ哲学〟っていうの？　これは、最低は地獄《じごく》の底まで行っとるのもあるから。まあ、それから上まであるけど。

特に日本は、保守の言論人は数が少なかったから、みんな重宝されてるよ。たいてい、左翼《さよく》の言論人ばかりだな。

もう、私が聞くかぎり、ほとんど「地獄行き」やから。

武田　ああ。

竹村健一　まあ、地獄行きというか、地獄にさえ行けていないレベル？　まだ地上に徘徊《はいかい》してるのがいっぱいいるんで。哀《あわ》れとしか言いようがないけど。

活字メディアとかでは同じように尊敬されとってもね、本も書いたりしてても、そういうことがあるからね。

東京大学なんかも、もう、戦前からやけども、ちょっと左かぶれが多いから、インテリはいっぱい出してるけど、みんな天国とは限らないんでね。大川先生があの世に還ってから、東京大学の卒業生も、やっと天国に還れるような人が増えてくるんと違うかなあ。

綾織　なるほど。

9　竹村氏からのメッセージ――次の三十年はこうなる

「マスコミからマスゴミへ」のその次は？

武田　まだまだ、たくさん先生に伺《うかが》いたいことがあるんですけれども、そろそろお時間となりましたので、最後に、先生から私たちへのメッセージとして、何か締《し》めの言葉を頂きたいと思います。

竹村健一　ああ。とにかく、今、「マスコミからマスゴミへ」と時代は動いているから、そのマスゴミが、さらにゴミが増えていくだけで「世の中が進化している」と思ったら、大間違《おおまちが》いですよと。やっぱり、もう一回、クリーンにしなきゃいけませんよと。非常に重要な、大切な、間違っていない情報を選んで人々に伝えて、人間の生活をよくして、いい方向に引っ張っていくことが大事だと思いますよと。

それには、その情報のなかに、やっぱり、宗教的な、神仏の考えの裏打ちのあるような情報が大事になる時代が来ますよと。

まあ、一言《ひとこと》で言やあ、「これから三十年は大川隆法さんの時代」ですよ。だから、ここから発信してる情報をよく見て、時代の流れを見誤らないようにしたほうがいい。〝逆張り〟した人は、みんな、自滅《じめつ》していきます。まあ、これだけ言っときゃ十分なんじゃ。

（綾織に）なんで、君のところの部数が伸《の》びないのか、分からんけどね。これから雪崩《なだれ》を打って、バーッと流行《はや》るでしょうね。ほかの雑誌がなくなって、ザーッと、ねえ？

綾織　竹村先生のアドバイスを受けられるように頑張《がんば》りたいと思います。

竹村健一　「月刊Hanada《ハナダ》」でなく、「月刊Ayaori《アヤオリ》」とか。

綾織　まあ、それはないと思いますけども（笑）。

竹村健一　ええ？　なるんじゃないかな。

綾織　「ザ・リバティ」として頑張ります。

「諦《あきら》めるな、明治維新《いしん》の前夜がいちばん暗い」

竹村健一　あのね、政党（幸福実現党）への「愛」もあるから言っとくけど、諦《あきら》めるなよ。もうすぐ時代が変わるからな。

まあ、〝明治維新《いしん》の前夜〟がいちばん暗いんや。暗くて、暗殺とかな、弾圧《だんあつ》とかをいっぱい受けるのは、維新の前夜十年ぐらいはきついんやけど、これから開けてくるから。

（幸福実現党の）言ってるとおりに世界が変わっていったら、なったら、みんな信じるようになるから。

もう、それは、マスコミに書かれなくても、みんな、各自が判断できるようになるから。その時代は近づいてるから、粘《ねば》りなさいね。

武田　はい。

竹村健一　大事だよ。わしもしっかり羽が生《は》えてきたら、天上界《てんじょうかい》から指導するかもらさ。

武田　はい。ぜひ、よろしくお願いいたします。

竹村健一　縁《えん》があった者として、そのうち、どっかで、ちっちゃく祀《まつ》ってくれや。なあ？

武田　はい。分かりました。

竹村健一　うん。お願いしたい。

武田　はい。本日は、貴重な言葉の数々をありがとうございました。

竹村健一　うん。ありがとう。（「ザ・リバティ」の）「特集」、決まったな、これで。

綾織　そうですね（笑）。

竹村健一　ありがとう。はい、ありがとう。

質問者一同　ありがとうございました。

10 霊言《れいげん》を終えて――勉強が進んだら、また、お出《い》でくだされば

大川隆法 （手を二回叩《たた》く）明るくて、まあ、よろしかったですね。

死後四日で、苦しんでいる様子もなく、幸福の科学の勉強もなされたので、わりあいすっきりとしているように思います。無事のご帰天《きてん》、おめでとうございます。「帰天式」で大丈夫《だいじょうぶ》な感じの方のようですね。

霊界《れいかい》でもまた、マスコミを何か開発いただきたいところです。霊界の啓蒙《けいもう》も必要かもしれませんね。

勉強が進んだら、また、お出《い》でくだされればありがたいと思っています。

今日はありがとうございました。（手を二回叩く）

質問者一同　ありがとうございました。

あとがき

「霊言」と聞いただけで「学問」の対象ではないと考える文科省。死んでから先のことなんか考えたくもないマスコミと一般国民。地獄の思想をひっさげて、街宣《がいせん》する政党候補者。「政教分離」を宗教は政治に手を出すな、と考える法律関係者。

こういう方々には、祭政一致のイランも理解できないし、神に祈るアメリカのトランプ大統領の本心も理解できないだろう。

ＡＩ、コンピュータ、マスゴミ、統計処理。この先に、はたして未来はあるのか。

次の三十年は「大逆転の時代」であるべきだ。明治維新後立てた天皇一神教が先の大戦で敗れて後、日本の宗教は空洞《くうどう》のままだ。結果的に無神論・唯物論の共産主義と大差がなくなった。本物の信仰心が篤《あつ》い人が神の下《もと》の民主主義のリーダーをになう時代が始まるべきだ。今こそ、日本の常識をひっくり返すべき時だ。

二〇一九年　七月十五日

幸福《こうふく》の科学《かがく》グループ創始者兼総裁《そうししゃけんそうさい》　大川隆法《おおかわりゅうほう》

『竹村健一の霊言 大逆転の時代　次の30年を語る』関連書籍

『黄金の法』（大川隆法 著　幸福の科学出版刊）
『永遠の法』（同右）
『自由・民主・信仰の世界』（同右）
『竹村健一・逆転の成功術』（同右）
『守護霊インタビュー　堺屋太一 異質な目　政治・経済・宗教への考え』（同右）
『堺屋太一の霊言』（同右）

※左記は書店では取り扱っておりません。最寄りの精舎・支部・拠点までお問い合わせください。
『大川隆法霊言全集 第11巻 坂本龍馬の霊言／吉田松陰の霊言／勝海舟の霊言』
（大川隆法 著　宗教法人幸福の科学刊）

竹村健一《たけむらけんいち》の霊言《れいげん》 大逆転《だいぎゃくてん》の時代《じだい》
次《つぎ》の30年《ねん》を語《かた》る

2019年7月16日　初版第1刷

著　者　　大《おお》　川《かわ》　隆《りゅう》　法《ほう》

発行所　　幸福の科学出版株式会社
〒107-0052 東京都港区赤坂2丁目10番14号
TEL(03)5573-7700
https://www.irhpress.co.jp/

印刷・製本　株式会社 研文社

落丁・乱丁本はおとりかえいたします

ISBN978-4-8233-0097-4 C0014
帯 AA/時事通信フォト，時事，Avalon/時事通信フォト，AFP＝時事
装丁・イラスト・写真（上記・パブリックドメインを除く）© 幸福の科学

大川隆法ベストセラーズ・世界の進むべき方向とは

自由・民主・信仰の世界

日本と世界の未来ビジョン

国民が幸福であり続けるために——。未来を拓くための視点から、日米台の関係強化や北朝鮮問題、日露平和条約などについて、正論を説いた啓蒙の一冊!

1,500円

愛は憎しみを超えて

中国を民主化させる日本と台湾の使命

中国に台湾の民主主義を広げよ——。この「中台問題」の正論が、第三次世界大戦の勃発をくい止める。台湾と名古屋での講演を収録した著者渾身の一冊。

1,500円

資本主義の未来

来るべき時代の「新しい経済学」

なぜ、ゼロ金利なのに日本経済は成長しないのか? マルクス経済学も近代経済学も通用しなくなった今、「未来型資本主義」の原理を提唱する!

2,000円

幸福実現党宣言

この国の未来をデザインする

政治と宗教の真なる関係、「日本国憲法」を改正すべき理由など、日本が世界を牽引するために必要な、国家運営のあるべき姿を指し示す。

1,600円

大川隆法 霊言シリーズ・保守の評論家・言論人に訊く

竹村健一・逆転の成功術

元祖『電波怪獣』の本心独走

人気をつかむ方法から、今後の国際情勢の読み方まで——。テレビ全盛時代を駆け抜けた評論家・竹村健一氏の守護霊に訊く。

1,400円

渡部昇一
日本への申し送り事項

死後21時間、復活のメッセージ

「知的生活」の伝道師として、また「日本の誇りを取り戻せ」運動の旗手として活躍してきた「保守言論界の巨人」が、日本人に託した遺言。

1,400円

渡部昇一
死後の生活を語る

霊になって半年の衝撃レポート

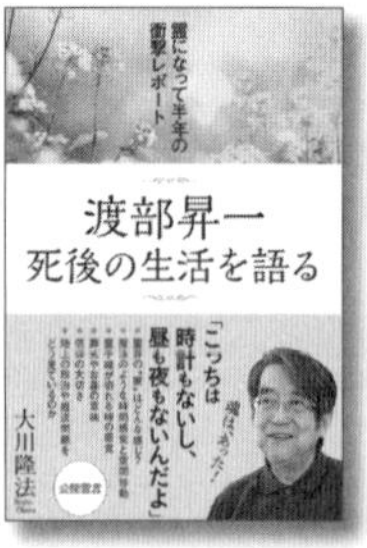

渡部昇一氏の霊が語るリアルな霊界の様子。地上と異なる「時間」「空間」、そして「価値観」——。あの世を信じたほうが、人は幸せになれる！

1,400円

堺屋太一の霊言

情報社会の先にある「究極の知価革命」

情報社会の先にある「究極の知価革命」とは。堺屋太一氏が、大阪維新の会への率直な思いをはじめ、政治・経済の近未来予測を独自の視点で語る。

1,400円

※表示価格は本体価格（税別）です。

幸福の科学グループのご案内

宗教、教育、政治、出版などの活動を通じて、地球的ユートピアの実現を目指しています。

幸福の科学

一九八六年に立宗。信仰の対象は、地球系霊団の最高大霊、主エル・カンターレ。世界百カ国以上の国々に信者を持ち、全人類救済という尊い使命のもと、信者は、「愛」と「悟り」と「ユートピア建設」の教えの実践、伝道に励んでいます。

（二〇一九年七月現在）

愛

幸福の科学の「愛」とは、与える愛です。これは、仏教の慈悲《じひ》や布施《ふせ》の精神と同じことです。信者は、仏法真理をお伝えすることを通して、多くの方に幸福な人生を送っていただくための活動に励んでいます。

悟り

「悟り」とは、自らが仏の子であることを知るということです。教学《きょうがく》や精神統一によって心を磨き、智慧《ちえ》を得て悩みを解決すると共に、天使・菩薩《ぼさつ》の境地を目指し、より多くの人を救える力を身につけていきます。

ユートピア建設

私たち人間は、地上に理想世界を建設するという尊い使命を持って生まれてきています。社会の悪を押しとどめ、善を推し進めるために、信者はさまざまな活動に積極的に参加しています。

国内外の世界で貧困や災害、心の病で苦しんでいる人々に対しては、現地メンバーや支援団体と連携して、物心両面にわたり、あらゆる手段で手を差し伸べています。

年間約２万人の自殺者を減らすため、全国各地で街頭キャンペーンを展開しています。

公式サイト **www.withyou-hs.net**

ヘレン・ケラーを理想として活動する、ハンディキャップを持つ方とボランティアの会です。視聴覚障害者、肢体不自由な方々に仏法真理を学んでいただくための、さまざまなサポートをしています。

公式サイト **www.helen-hs.net**

入会のご案内

幸福の科学では、大川隆法総裁が説く仏法真理《ぶっぽうしんり》をもとに、「どうすれば幸福になれるのか、また、他の人を幸福にできるのか」を学び、実践しています。

入会

仏法真理を学んでみたい方へ

大川隆法総裁の教えを信じ、学ぼうとする方なら、どなたでも入会できます。入会された方には、『入会版「正心法語《しょうしんほうご》」』が授与されます。

ネット入会 入会ご希望の方はネットからも入会できます。
happy-science.jp/joinus

三帰《さんき》誓願《せいがん》

信仰をさらに深めたい方へ

仏弟子としてさらに信仰を深めたい方は、仏《ぶっ》・法《ぽう》・僧《そう》の三宝《さんぽう》への帰依を誓う「三帰誓願式」を受けることができます。三帰誓願者には、『仏説・正心法語』『祈願文《きがんもん》①』『祈願文②』『エル・カンターレへの祈り』が授与されます。

幸福の科学 サービスセンター
TEL 03-5793-1727
受付時間／
火～金：10～20時
土・日祝：10～18時
（月曜を除く）

幸福の科学 公式サイト
happy-science.jp

ハッピー・サイエンス・ユニバーシティ
Happy Science University

ハッピー・サイエンス・ユニバーシティとは

ハッピー・サイエンス・ユニバーシティ（HSU）は、大川隆法総裁が設立された「現代の松下村塾」であり、「日本発の本格私学」です。
建学の精神として「幸福の探究と新文明の創造」を掲げ、
チャレンジ精神にあふれ、新時代を切り拓く人材の輩出を目指します。

人間幸福学部　経営成功学部　未来産業学部

HSU長生キャンパス TEL **0475-32-7770**
〒299-4325　千葉県長生郡長生村一松丙 4427-1

未来創造学部

HSU未来創造・東京キャンパス
TEL **03-3699-7707**
〒136-0076　東京都江東区南砂2-6-5　公式サイト **happy-science.university**

学校法人 幸福の科学学園

学校法人　幸福の科学学園は、幸福の科学の教育理念のもとにつくられた教育機関です。人間にとって最も大切な宗教教育の導入を通じて精神性を高めながら、ユートピア建設に貢献する人材輩出を目指しています。

幸福の科学学園
中学校・高等学校（那須本校）
2010年4月開校・栃木県那須郡（男女共学・全寮制）
TEL **0287-75-7777** 公式サイト **happy-science.ac.jp**

関西中学校・高等学校（関西校）
2013年4月開校・滋賀県大津市（男女共学・寮及び通学）
TEL **077-573-7774** 公式サイト **kansai.happy-science.ac.jp**

仏法真理塾「サクセスNo.1」

全国に本校・拠点・支部校を展開する、幸福の科学による信仰教育の機関です。小学生・中学生・高校生を対象に、信仰教育・徳育にウエイトを置きつつ、将来、社会人として活躍するための学力養成にも力を注いでいます。

TEL 03-5750-0747（東京本校）

エンゼルプランV TEL 03-5750-0757

幼少時からの心の教育を大切にして、信仰をベースにした幼児教育を行っています。

不登校児支援スクール「ネバー・マインド」 TEL 03-5750-1741

心の面からのアプローチを重視して、不登校の子供たちを支援しています。

ユー・アー・エンゼル!（あなたは天使!）運動

一般社団法人 ユー・アー・エンゼル TEL 03-6426-7797

障害児の不安や悩みに取り組み、ご両親を励まし、勇気づける、
障害児支援のボランティア運動を展開しています。

NPO活動支援

いじめから子供を守ろうネットワーク

学校からのいじめ追放を目指し、さまざまな社会提言をしています。また、各地でのシンポジウムや学校への啓発ポスター掲示等に取り組む一般財団法人「いじめから子供を守ろうネットワーク」を支援しています。

公式サイト mamoro.org ブログ blog.mamoro.org

相談窓口 TEL.03-5544-8989

百歳まで生きる会

「百歳まで生きる会」は、生涯現役人生を掲げ、友達づくり、生きがいづくりをめざしている幸福の科学のシニア信者の集まりです。

シニア・プラン21

生涯反省で人生を再生・新生し、希望に満ちた生涯現役人生を生きる仏法真理道場です。定期的に開催される研修には、年齢を問わず、多くの方が参加しています。全国186カ所、海外13カ所で開校中。

【東京校】TEL 03-6384-0778 FAX 03-6384-0779
メール senior-plan@kofuku-no-kagaku.or.jp

幸福実現党

内憂外患《ないゆうがいかん》の国難に立ち向かうべく、2009年5月に幸福実現党を立党しました。創立者である大川隆法党総裁の精神的指導のもと、宗教だけでは解決できない問題に取り組み、幸福を具体化するための力になっています。

幸福実現党 釈量子サイト **shaku-ryoko.net**

Twitter **釈量子@shakuryokoで検索**

党の機関紙
「幸福実現NEWS」

幸福実現党 党員募集中

あなたも幸福を実現する政治に参画しませんか。

○幸福実現党の理念と綱領、政策に賛同する18歳以上の方なら、どなたでも参加いただけます。

○党費:正党員（年額5千円［学生 年額2千円］）、特別党員（年額10万円以上）、家族党員（年額2千円）

○党員資格は党費を入金された日から1年間です。

○正党員、特別党員の皆様には機関紙「幸福実現NEWS（党員版）」（不定期発行）が送付されます。

＊申込書は、下記、幸福実現党公式サイトでダウンロードできます。

住所:〒107-0052　東京都港区赤坂2-10-8 6階 幸福実現党本部

TEL **03-6441-0754**　FAX **03-6441-0764**

公式サイト **hr-party.jp**

出版 メディア 芸能文化 幸福の科学グループ

幸福の科学出版

大川隆法総裁の仏法真理の書を中心に、ビジネス、自己啓発、小説など、さまざまなジャンルの書籍・雑誌を出版しています。他にも、映画事業、文学・学術発展のための振興事業、テレビ・ラジオ番組の提供など、幸福の科学文化を広げる事業を行っています。

アー・ユー・ハッピー？
are-you-happy.com

ザ・リバティ
the-liberty.com

幸福の科学出版
TEL **03-5573-7700**
公式サイト **irhpress.co.jp**

THE FACT
ザ・ファクト
マスコミが報道しない
「事実」を世界に伝える
ネット・オピニオン番組

ザ・ファクト 検索

NEW STAR PRODUCTION

ニュースター・プロダクション

「新時代の美」を創造する芸能プロダクションです。多くの方々に良き感化を与えられるような魅力あふれるタレントを世に送り出すべく、日々、活動しています。 公式サイト **newstarpro.co.jp**

ARI Production

ARI《アリ》 Production《プロダクション》

タレント一人ひとりの個性や魅力を引き出し、「新時代を創造するエンターテインメント」をコンセプトに、世の中に精神的価値のある作品を提供していく芸能プロダクションです。 公式サイト **aripro.co.jp**

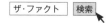

大川隆法　講演会のご案内

大川隆法総裁の講演会が全国各地で開催されています。講演のなかでは、毎回、「世界教師」としての立場から、幸福な人生を生きるための心の教えをはじめ、世界各地で起きている宗教対立、紛争、国際政治や経済といった時事問題に対する指針など、日本と世界がさらなる繁栄の未来を実現するための道筋が示されています。

2019年5月14日 幕張メッセ「自由・民主・信仰の世界」

2019年3月3日 グランド ハイアット 台北（台湾）「愛は憎しみを超えて」

2019年7月5日 福岡国際センター「人生に自信を持て」

2018年10月7日 ザ・リッツカールトン ベルリン（ドイツ）「Love for the Future」

2019年7月13日 ホテル イースト21 東京「幸福への論点」

講演会には、どなたでもご参加いただけます。
最新の講演会の開催情報はこちらへ。⟹

大川隆法総裁公式サイト
https://ryuho-okawa.org